„Karma. Czym jest i jak jej unikać"

Guy Steven Needler

Tłumaczenie: Klara Kencik

Biblioteka Kongresu Dane katalogowe w publikacjiNeedler, Guy Steven -1961

Avoiding Karma: A Guide to Assuring Personal Ascension by Guy Steven Needler
Sposoby unikania tworzenia karmy w celu wspomagania własnego rozwoju duchowego.

1. Karma 2. Duchowy wzrost3. Metafizyka
1. Needler, Guy Steven, 1961 II. Karma III. Title

ISBN: 978-1-956945-46-1

Tłumaczenie: Klara Kencik
Cover Design: enki3d.com
Book set in: Times New Roman
Book Design: Tab Pillar

Published by:

OZARK
MOUNTAIN
PUBLISHING

PO Box 754
Huntsville, AR 72740
800-935-0045 or 479-738-2348 fax: 479-738-2448
WWW.OZARKMT.COM
Printed in the United States of America

Mojej drogiej Żonie, Anne Elizabeth Milner, teraz już „wzniesionej" (10.04.1957 – 24.12.2012)

Spis treści

Duchowość i moralność

Wstęp do polskiego wydania książki Guya Stevena Needlera „Karma. Czym jest i jak jej unikać"

Kiedy gromadzimy zaawansowaną wiedzę o duchowości prawdziwej, opartej na doświadczeniu, stopniowo dojrzewamy do zaakceptowania pewnych trudnych prawd. Jedną z nich jest fakt, iż nie istnieje nic „słusznego", ani „niesłusznego", że nie ma ani „obiektywnego zła", ani „obiektywnego dobra".

Rdzeniem naszego istnienia jest zindywidualizowana porcja świadomości sprawczej (w angielskiej terminologii Autora: sentience) samego Boga – czyli Najwyższego Stworzyciela, noszącego również imiona takie, jak „Wszystko, Co Jest", „Początek" i „Absolut". Głównym powodem naszego istnienia jest potrzeba eksploracji, aktualizacji, urzeczywistniania, odczuwania i doświadczania tego wszystkiego, co razem wzięte jest Bogiem. Dlatego musimy odgrywać różne role: świętego, okrutnego zbrodniarza oraz innych osób ze szerokiego spektrum pomiędzy tymi dwoma typami.

Czy wynika z tego, że samo pojęcie moralności jest nonsensem? Że nie istnieją ani reguły prawidłowych wyborów i właściwych zachowań, ani boskie przykazania chroniące ludzkość przed osunięciem się w cynizm i totalną anarchię? Czyż nie jest tak, że wszystko sprowadza się do indywidualnego rozwoju oraz konsekwentnego postępowania w oparciu o czystą, bezinteresowną miłość – co jest ostatecznym rozwiązaniem wszystkich dylematów etycznych?

Tak i nie. Nasze zadanie doświadczania poszczególnych sektorów Wszystkiego, Co Istnieje, Boga-Stworzenia, rządzi się jedną istotną regułą. Jest to Pierwsza Dyrektywa Efektywności.

To właśnie dlatego podejmujemy się bardzo ważnej, lecz bardzo trudnej misji: ochotniczo zasiedlamy ciała różnych istot z multiwersum fizycznego. Niektórzy z nas godzą się pójść tą drogą aż do ekstremum – to znaczy badać ten obszar Stworzenia, który wibruje częstotliwościami najniższymi z najniższych. Innymi słowy, stają się ludźmi (ale tylko czasowo).

Kłopot w tym, że kiedy inkarnujemy, zaczynamy odczuwać pociąg do owych niskich częstotliwości związanych z istnieniem w sferze fizyczności. Tę zwodniczą, dynamiczną, narastającą siłę nazywamy karmą. Karma jest efektem naszego upojenia, rozkochania i uzależnienia od niezwykłych ziemskich częstotliwości i doznań. „Ale co w tym złego?", mógłby ktoś zapytać. Otóż co najmniej trzy rzeczy.

Po pierwsze, kiedy nasza „ekspedycja badawcza" dobiega końca, często odmawiamy opuszczenia sfery fizycznej na zawsze. Nie chcemy podążyć zaplanowanymi ścieżkami naszego dalszego rozwoju ewolucyjnego na wyższych, niefizycznych poziomach omniwersum. Wcielamy się znowu, raz za razem.

Oczywiście owe wcielenia nie idą na marne. Nasze „żniwa" dodatkowych doświadczeń inkarnacyjnych poszerzają zakres doświadczalnego samopoznania Boga. Zatem w pewien sposób jest to w porządku. Jednak z innego punktu widzenia te zbyteczne reinkarnacje zazwyczaj powstrzymują nasz indywidualny rozwój. Przestajemy się doskonalić jako użyteczne, efektywne narzędzia ewolucji Boga. W rezultacie nasz podstawowy obowiązek nie jest wypełniany w sposób optymalny.

To poważny problem nie tylko w długiej perspektywie eonów naszego wiecznego istnienia, ale też w krótkiej perspektywie wyników osiąganych przez nas w trakcie poszczególnych inkarnacji. Chodzi o to, że karma nie pozwala nam uzyskać pełnej kontroli nad naszymi mocami fizycznymi, umysłowymi, duchowymi i energetycznymi. Jeżeli więc mielibyśmy oznaczyć coś etykietką „niesłuszne" lub „złe", to właśnie to: owo niepotrzebne opóźnienie, jakim są tysiące wcieleń bez świadomości kim i dlaczego naprawdę jesteśmy.

Po drugie, cytując poetę, „za każdy uśmiech zapłatą jest łza". Życie we wcieleniu, nawet najbardziej satysfakcjonujące, zawsze zawiera w sobie pewną dozę bólu i cierpienia. To nieuniknione. Poza tym zawsze istnieje możliwość coraz głębszego i głębszego uzależnienia się od niskich częstotliwości fizyczności. Taka skierowana ku dołowi spirala – biegunowe przeciwieństwo samego sensu i celu naszego istnienia – z pewnością będzie nieść ze sobą coraz więcej cierpienia. Ból i dewolucja mogą się stać tak potworne, że (w rzadkich przypadkach) kończy się to unicestwieniem danej istoty. Jej świadomość sprawcza jest wtedy absorbowana przez świadomość sprawczą Boga, a energie tworzące jej ciało energetyczne są „rozpuszczane" i przetwarzane w celu użytkowania ich przez inne istoty. Ale nie tak ma być. To „niesłuszne", że tak się dzieje.

Po trzecie, szkoda wyrządzona Najwyższej Sprawie, której wszyscy służymy, może być jeszcze większa. Podczas każdej z naszych uparcie powtarzanych wizyt na Ziemi wywieramy wpływ na inne istoty, które tutaj inkarnują. Kiedy jesteśmy poważnie obciążeni karmą, ten wpływ może być po prostu straszny. Nawet jeżeli przestaniemy schodzić i ponownie zaczniemy wspinać się po drabinie ewolucji, wciąż możemy być winni cierpień i potknięć wielu spośród tych, którzy, tak jak my, podążają ścieżkami wcielenia. Co również jest w oczywisty sposób „złe".

* * *

Tak się przedstawia metafizyczny kontekst tej niezwykle cennej książeczki. Warto odnotować, że jej treść została przekazana Autorowi w drodze czanelingu przez samą Istotę Źródło (to znaczy przez komunikujący się aspekt jednej z Istot Źródeł stworzonych przez Absolut po to, aby były Bogami Stworzycielami swoich własnych wielowszechświatów).

Nie zniechęcaj się pozorną prostotą niektórych fragmentów. Pierwszy tydzień prób zastosowania któregokolwiek z tych zaleceń ujawni prawdziwą złożoność problemów, o których tutaj mowa. Styl narracji operujący wyraźnymi powtórzeniami wydaje się więc konieczny.

Warto też pamiętać, że nie jest to wyczerpujące studium teoretyczne, lecz raczej podręcznik, przewodnik, zestaw „technicznych" zaleceń przeznaczonych do pilnego, codziennego stosowania we wszystkich dziedzinach życia. Mimo to całość zaprezentowanych zagadnień może dostarczyć czytelnikowi wielu znaczących wglądów w ludzki aspekt tak zwanego „szerokiego planu wszechrzeczy".

Życzę przyjemnej lektury i doświadczenia pełni życia – życia wolnego od dezorientacji, frustracji i niepotrzebnego cierpienia. Skrusz swoje karmiczne kajdany!

Dragan Vavelić

Od autora

Wiadomości zawarte w tej książce, przekazane mi przez Istotę Źródło, zostały sformułowane w ściśle określony sposób. Mają skłonić nas, Drodzy Czytelnicy, do namysłu, a następnie do zmiany naszego postępowania, do uznania kim i czym naprawdę jesteśmy, do przebudzenia z naszego inkarnacyjnego snu oraz do wzniesienia się ku nowemu wymiarowi egzystencji.

Jednak aby tak się stało, musimy być czujni.

To nie jest długa książka. I nie miała być długa. Ma mniej niż stron i łatwo byłoby przeczytać ją w jeden dzień. Jednak usilnie proszę Was, żeby tego nie robić. Proszę, abyście czytali każdy fragment osobno i pracowali nad tym, do czego się on odnosi najlepiej jak potraficie. Przyswajajcie sobie to, co zostało tutaj zaprezentowane i wyzwólcie się z więzów fizyczności – pozbywając się przy tym karmy i wznosząc na wyższy poziom istnienia. Czytajcie maksymalnie dwa fragmenty tygodniowo i podejmujcie osobiste zobowiązanie, aby przestrzegać tego, co w nich zalecono. A jeszcze lepiej: czytajcie tylko jeden ustęp na tydzień i stosujcie się do zawartej w nim rady w sposób solidny i konsekwentny. Obserwujcie to, jak Wam idzie i wprowadzajcie konieczne korekty. Czyńcie to z miłością w sercu, dając dobry przykład innym.

Miłość przekracza uwarunkowania karmy. Istotą sprawy jest tu myślenie z perspektywy multiwersum, wielowszechświata.

Karma jest funkcją jedynie wszechświata fizycznego. Nasze prawdziwe energetyczne „ja" są z nią związane wtedy, gdy pociągają je niskie częstotliwości charakterystyczne dla wszechświata fizycznego. Stąd potrzeba powracania do tego wszechświata – aby ową więź zerwać, aby przerwać karmiczny cykl. Kiedy więź z fizycznością zostanie zerwana, ustaje potrzeba wcielania się. Wtedy prawdziwe energetyczne „ja" może wznieść się ku wyższym częstotliwościom, może dalej ewoluować. Nie musi już nigdy więcej doświadczać niższych częstotliwości związanych ze wszechświatem fizycznym.

Dlatego kluczem do owego Wzniesienia jest miłość skierowana ku sobie samemu oraz ku innym. Kto tę książkę przeczyta, będzie „w Miłości", „we Wzniesieniu" – a przez to uniknie karmy.

Guy Steven Needler
1 lutego 2013 roku

Reagowanie na drwiny

Pierwszym poziomem unikania karmy jest niereagowanie na szyderstwa i kpiny ze strony tych, z którymi się stykamy. Trzeba postrzegać te osoby jako istoty podążające ścieżką ewolucji – podobnie jak my sami. Szukajmy głębszego znaczenia ukrytego pod powierzchnią słów i czynów tych, którzy nas oskarżają. Powinniśmy być tolerancyjnymi, pełnymi dobrej woli obserwatorami. Powinniśmy rozumieć doświadczenie, którym są lekcje udzielane nam przez te osoby. Reagujmy ze współczuciem i wdzięcznością. Czyniąc tak, będziemy ewoluować.

Ostrzeżenie przed rzeczywistością cyfrową

Karma jest konieczną funkcją odczuwanego przez nas pociągu ku fizyczności. Mechanizm ten działa również wtedy, gdy stykamy się z rzeczywistością cyfrową, bo także ona jest funkcją sfery fizycznej. A jako taka jest potencjalnym źródłem uzależnienia, kotwicą zatrzymującą nas we fizyczności.

Posiadać tylko to, co potrzebne

Pamiętajmy, aby odróżniać to, czego nam potrzeba od tego, czego pragniemy. Gdy nasze potrzeby są mniejsze od naszych pragnień, pojawia się możliwość nagromadzenia niższych częstotliwości karmy związanych z pociągiem do posiadania tego, co fizyczne. Jest to funkcja karmy, której nie można nigdy zaspokoić – bo, jak się wydaje, im więcej mamy, tym więcej pragniemy.

Miłość nieprzyjaciół – jesteśmy jednością

Miłować wrogów znaczy miłować siebie samego, ponieważ nasi wrogowie pochodzą z tego samego źródła. Uznanie faktu, że wszyscy jesteśmy jednym oraz że stanowimy jedno z Bogiem niweczy potrzebę identyfikowania innych jako naszych wrogów. Jak ludzie mogą być naszymi prawdziwymi wrogami, jeżeli są po prostu częścią nas samych?! Uświadomienie sobie tej rzeczywistości i postępowanie w oparciu o nią to najpotężniejszy sposób unikania karmy.

Postawa służby

Jesteśmy tutaj, aby służyć tym, którzy potrzebują pomocy. Służyć bezinteresownie, nie żądając nagrody. Ogólna postawa służby tworzy pozytywną karmę (pociąg ku wyższym częstotliwościom). Jednak musimy unikać nastawienia opartego na oczekiwaniu, że kiedyś w końcu zostaniemy nagrodzeni. To tworzyłoby negatywną karmę (pociąg ku niższym częstotliwościom).

Określanie naszej motywacji

Trzeba konieczne rozważać motywacje naszych poczynań i spoglądać na nie z dystansu. Czy kieruje nami potrzeba, czy może chciwość? Służba czy bezinteresowność? Wszelkie działania wynikające z motywacji fizycznych przyciągają negatywną karmę.

Unikanie obmowy

Kiedy nie inicjujemy plotkowania i kiedy nie dajemy się w nie wciągnąć, postępujemy rozsądnie. Spośród znanych ludzkości sposobów gromadzenia karmy negatywnej obmowa jest tym najefektywniejszym.

Plotkowanie to szczególnie niebezpieczny sposób spędzania wolnego czasu. Ciągnie nas ono ku niskim częstotliwościom innej osoby, dodając jej przez to energii. W miarę jak do rozmowy dołączają inni, osoba wiodąca prym staje się centrum kolektywu utworzonego przez energie nakierowane zwykle na wykpiwanie drugiego człowieka. Tworzenie takiego kolektywu oraz synergicznych skutków jego działania ma zły cel. Jako członkowie tej grupy łączymy się z energetycznym „lejem", który wytwarza „nakładkę" na naszą indywidualną mentalność czy też „obejście" wokół naszego własnego sposobu myślenia – i niszczy naszą wolną wolę.

Środkiem zaradczym jest nieangażowanie się w obmowę. Czynimy to poprzez dostrajanie naszego „obserwującego ja" – narzędzia, które pozwala spojrzeć na te rozmowy z perspektywy kogoś z zewnątrz. Kiedy dostrzeżemy, że włączyliśmy się już w plotkowanie, powinniśmy powiedzieć, że na ten temat nie mamy już nic więcej do powiedzenia i odjeść.

Powstrzymywanie się od osądzania

Osądzanie, zarówno indywidualne, jak i zbiorowe, jest funkcją obmowy i dlatego tworzy jasną, bezpośrednią drogę do egzystencji w niskich częstotliwościach, częstotliwościową spiralę skierowaną ku dołowi. Nigdy nie powinniśmy się w to angażować. Osądzanie to funkcja osobistego, indywidualnego postrzegania jako procesu, który prowadzi do zajęcia określonego stanowiska – nie zaś procesu, którego wynikiem jest fakt zamiast osądu.

19

Ostrożne dobieranie przyjaciół

Żyjąc w ciele mądrze jest podtrzymywać dobry nastrój i otaczać się podobnie myślącymi osobami. Unikajmy tych, którzy ciągną nas w dół – czyli kuszą do działań charakteryzujących się niskimi częstotliwościami.

Zmowa w celu zdobycia fałszywych przyjaciół

Jeszcze perfidniejszą formę karmy zaobserwować można w odniesieniu do potrzeby spiskowania. Zmawiamy się, kiedy wkupujemy się w czyjeś łaski po to, aby dołączyć do tej, a nie innej drużyny czy grupy lub po to, aby być z kimś wpływowym, z kimś, kogo kontakty dadzą nam jakąś korzyść towarzyską, biznesową czy egoistyczną – a tym samym przewagę nad innymi.

Potrzeba zmawiania się bazuje więc na pragnieniach fizycznych i, jako taka, przyciąga te niskie częstotliwości, które wiążą się z bardziej subtelnymi aspektami egzystencji fizycznej.

Szukanie czyjejś przysługi – forma zmowy

Zabieganie o czyjąś przychylność to postać zmowy. Rodzi ono oczekiwanie osobistej korzyści. Kiedy szukamy czyjejś przychylności, ZAWSZE spodziewamy się wynikającej z niej nagrody–a jeżeli jej nie otrzymujemy, doświadczamy zawodu, potem negatywnych myśli i poczucia, że zostaliśmy zdradzeni. Kiedy potrzebujemy czyjeś łaski i uzyskujemy ją, zaciągamy dług wdzięczności wobec osoby, która wyświadcza nam przysługę. Powoduje to pełne obaw wyczekiwanie na to, co mogłoby być ową przysługą oraz rozmyślania nad tym, czy będziemy mogli sprostać oczekiwaniom osoby, która jej zażąda. W rezultacie przysługa, którą się odwdzięczamy, jest zwykle większa niż ta, którą wcześniej otrzymaliśmy.

Dlatego nie powinniśmy zabiegać o czyjeś łaski. A to, o co jesteśmy proszeni, winniśmy dawać innym za darmo, jako dar. I nie oczekiwać w zamian niczego poza miłością Boga – ponieważ odtąd nawet ta nagroda, którą jest rozpoznanie omówionej tu potencjalnej pętli karmicznej, będzie już „zużyta", wykorzystana.

Świadomość uzależnień automatycznych

Ważne jest, abyśmy potrafili cofnąć się o krok i przyjrzeć temu, co robimy codziennie w sposób automatyczny. Jak wiele z tego jest konieczne, aby przeżyć – a na ile jest to uzależnienie od fizycznej przyjemności, efekt działań czy reakcji zautomatyzowanych? Jeśli uwolnimy się od naszych uzależnień, to pozbędziemy się też karmy generowanej automatycznie.

Dostrzeganie pomniejszych uzależnień

Konieczna jest świadomość pomniejszych uzależnień – szczególnie tych, które mogą nam się wydawać nie tyle uzależnieniami, co preferencjami. Wszelkiego typu nałogi są stałym ogniwem łączącym nas z niskimi częstotliwościami. Pomniejsze uzależnienia są zwodnicze i dostrzegalne jedynie dla najczujniejszych poszukiwaczy prawdy.

Uzależnienie od seksu

Aktywność seksualna w celu prokreacji jest zarówno koniecznością, jak i rozkoszą. Jeżeli jednak ma charakter rekreacyjny, to może poprowadzić nas ścieżką uzależnienia od doznań fizycznych związanych z seksem – co jest już funkcją niskiej częstotliwości.

Rozeznawanie lęków

Kiedy przyglądamy się naszym lękom, ważne jest, abyśmy dostrzegli, w czym są one zakorzenione. Czy dotyczą one pracy, związków, posiadanych rzeczy, wyglądu zewnętrznego, osobistej wiarygodności czy może pieniędzy? Każda z tych obaw opiera się na uwarunkowaniach środowiska fizycznego. Przebywając w sferze energetycznej nie poświęcilibyśmy uwagi żadnej z nich. Skoro tam nie zważamy ani na te, ani na żadne inne lęki, to dlaczego mielibyśmy skupiać się na nich tutaj, podczas naszej inkarnacji? Wszak lęk jest tylko skutkiem przebywania w niskich częstotliwościach związanych z egzystencją w ciele.

Wybrać miłość

Miłość jest antidotum na karmę. Zatem musimy:

- kochać Boga;
- kochać naszych bliźnich;
- kochać naszych nieprzyjaciół;
- kochać naszych partnerów, nasze żony;
- kochać nas samych;
- kochać nasze pomyłki;
- kochać nasze sukcesy;
- kochać nasze obecne doświadczenia;
- kochać naszą planetę;
- kochać naszych nauczycieli;
- kochać wszystko, co okazuje nam swoją istotę po to, aby ofiarować nam doświadczenie, naukę i ewolucję.

Jeżeli kochamy to wszystko bez zastrzeżeń, z pewnością będziemy unikać karmy przez całe życie!

Spokój

Ważne jest, aby mieć spokojne usposobienie i zabierać się do wszystkiego w sposób opanowany–bez względu na środowisko, w którym się znajdujemy. Gdy jesteśmy konfrontowani z przeciwnościami, łatwo stać się częścią tej niesprzyjającej rzeczywistości, być pociągniętym ku niskim częstotliwościom, które ową rzeczywistość wytworzyły.

Kiedy zachowujemy spokój, możemy wznieść się ponad dramatyzm chwili, pozostać niewzruszonym i zdobyć się na skuteczną reakcję – pozostając jednocześnie w wysokich częstotliwościach. W ten sposób możemy pracować z rzeczywistością fizyczną pozostając w niej, lecz nie przynależąc do niej. Opanowanie to stan umysłu, który niweczy możliwość pozyskania karmicznej treści poprzez reakcję spontaniczną.

Zachowywanie spokoju w każdej sytuacji sprawia, że włącza nam się „tryb obserwatora". Dzięki niemu bierzemy pod uwagę szerszy obraz rzeczywistości i możemy reagować w sposób przemyślany, oparty na wiedzy, nacechowany szacunkiem. Dlatego też musimy starać się, aby utrzymywać spokój przez cały czas.

Przed zareagowaniem – zastanowienie

Kiedy budzimy się rano, dobrze jest pomyśleć, co możemy zrobić, aby nie przyciągnąć niskich częstotliwości, które nazywamy karmą.

Świadome unikanie karmy wymaga znacznej praktyki, zanim stanie się procesem automatycznym. Jeżeli wszystko, co robimy lub mamy zrobić analizujemy pod kątem możliwego przyciągnięcia karmy, a następnie zastanawiamy się jak tego uniknąć, to przecieramy sobie ścieżki ku wiedzy w jaki sposób uczynić tę praktykę stałą częścią naszego życia.

Kiedy już wyrobimy sobie reakcje „bezpieczne" (jeśli chodzi o karmę), możemy działać, mówić i reagować właśnie wtaki sposób – niezaśtak, jakpoprzednio, kiedyodpowiadaliśmyi reagowaliśmy natychmiast, spontanicznie. Gdy już przyzwyczaimy się do owego „bezpiecznego" reagowania i funkcjonowania, to po pewnym czasie zaobserwujemy, że stajemy się „lżejsi". Będzie to dowód, że przyciągamy energie o wyższych częstotliwościach, że gromadzimy pozytywną karmę i przyspieszamy proces naszej ewolucji.

Jednoczenie się z Bogiem, aby stworzyć Niebo

Kiedy przebywamy w sferze energetycznej, jesteśmy całkowicie wolni i błyskawicznie komunikujemy się z istotami równymi sobie oraz z naszym Stworzycielem. Nie doświadczamy żadnych ograniczeń, ani nie jesteśmy skrępowani przez ciało fizyczne – ponieważ znajdujemy się wtedy w normalnym dla nas obszarze wysokich częstotliwości, w środowisku wyższych wymiarów.

Podczas inkarnacji jesteśmy uwięzieni w ekstremalnie ograniczonych i powolnych ciałach. Ulegają one rozpadowi, odcinają łączność z równymi nam istotami energetycznymi i z naszym Stworzycielem. Doświadczają bólu, niewygód, chorób i schorzeń. W porównaniu z naszym normalnym środowiskiem energetycznym jest to piekło. Jednak możemy złagodzić owo piekielne doświadczenie poprzez podjęcie starań, aby zjednoczyć się z resztą z nas – z tymi, którzy przebywającą w sferze energetycznej i z naszym Stworzycielem, naszą Istotą Źródłem, naszym Bogiem.

Jednocząc się z Bogiem i naszym prawdziwym „ja" w trakcie inkarnacji oraz żyjąc w taki sposób, by nie przyciągać niskich częstotliwości związanych ze sferą fizyczną (czyli karmy), możemy w ograniczony sposób doświadczyć tego, co jest naszym udziałem, kiedy przebywamy w sferze energetycznej – a co moglibyśmy określić mianem nieba. Zatem poprzez właściwy sposób życia i oddanie medytacji możemy stworzyć niebo na ziemi. Natomiast nie tworząc go i sprzeciwiając się opisanemu tu sposobowi życia,

27

możemy stworzyć i rzeczywiście tworzymy nasze własne piekło na ziemi!

Pogodne usposobienie i uprzejmość

Łatwo się uśmiechać, jeżeli pamiętamy o naszej wiedzy dotyczącej wyższej rzeczywistości. Mówienie innym „dzień dobry", odpowiadanie zawsze w sposób pozytywny, uchylanie drzwi komuś, kto idzie za nami, pozwalanie innej osobie, aby zajęła wolne miejsce parkingowe lub włączyła się do ruchu przed naszym pojazdem – to naturalne konsekwencje przypominania sobie owej wiedzy. Czemu nie mielibyśmy udzielać pomocy tym, którzy jej potrzebują i towarzyszyć tym, których trzeba przeprowadzić przez jezdnię? Czemu uprzejmość i spełnianie dobrych uczynków nie miałyby stać się naszymi nawykami?

Te małe rzeczy podnoszą częstotliwości nasze oraz tych, którzy znajdują się wokół nas. Postępując w ten sposób ograniczamy szanse przyrostu niskich częstotliwości związanych z karmą – nie tylko w odniesieniu do nas samych, ale też wszystkich innych. To wielka uprzejmość sama w sobie, a w jeszcze większym stopniu wspaniały akt służby – ponieważ niesiemy światu więcej radości.

29

Wykonywanie obowiązków

To, że jesteśmy poszukiwaczami prawdy, znamy wyższą rzeczywistość i codziennie jednoczymy się z Bogiem wcale nie oznacza, że możemy ignorować nasze role i obowiązki w czasie, gdy przebywamy w sferze fizycznej. Zaplanowaliśmy te obowiązki jako część naszych doświadczeń, naszej nauki i naszej ewolucji. Zaniedbywanie ich czyni naszą inkarnację bezsensowną, prowadzi do gromadzenia karmy i wymusza ponowne wcielenie po to, aby przeżyć doświadczenia przewidziane w naszym poprzednim planie.

Jesteśmy tutaj po to, aby poznać wyższą rzeczywistość, aby poznać Boga oraz po to, aby wypełnić nasze ziemskie obowiązki umiejętnie i doskonale – unikając w ten sposób karmy.

Pozwolić innym mieć swoje przekonania

Nie wolno nam zakładać, że jako osoby uduchowione, oddane sprawie poznania wyższej rzeczywistości możemy „nawracać" kogoś, kto nie jest jeszcze gotowy, aby poznać prawdę.

Zmuszanie kogokolwiek do tego, aby przyjął inny paradygmat, jest skazane na niepowodzenie. Może nadwerężyć lub nawet zakończyć przyjaźń – tworząc w ten sposób związki z energią o niskiej częstotliwości. Zamiast tego trzeba kochać wszystkich takimi, jakimi są i medytować o ich wyzwoleniu.

Kiedy ktoś będzie gotowy na przyjęcie prawdy, dowiemy się o tym.

Mądry wybór przyzwyczajeń

Nawyk może być dobry lub zły, ale jego natura sprawia, że jest automatyczną „funkcją niewidzialną", działającą każdego dnia. A jako taki jest ignorowany przez naszą świadomość fizyczną.

Zwrócenie uwagi na to, czym nawyk jest i czym nie jest to warunek wstępny sukcesu polegającego na tym, że uzyskujemy samoświadomość oraz wznosimy się na najwyższe poziomy ewolucji. Zrozumienie tego pomaga nam oddzielić dobre przyzwyczajenia do złych.

Dobre to te, które prowadzą do egzystowania w wyższych częstotliwościach. Mają je dobrzy, myślący podobnie ludzie z naszego otoczenia. Dobre nawyki pozwalają nam istnieć wewnątrz sfery fizycznej, ale do niej nie przynależeć.

Złe przyzwyczajenia sprawiają, ze nasze energie zafiksowane są na zakresie niskich częstotliwości sfery fizycznej. Ogranicza nam to okazje do ewolucji i przedłuża potrzebę wcielania się.

Wypełnianie zobowiązań

Ważne jest, abyśmy nasze powinności wypełniali z radością w sercu. Jeżeli zobowiązaliśmy się do zrobienia czegoś w określonym terminie lub do pewnego stopnia – wobec kogoś, czegoś lub nawet wobec nas samych – musimy doprowadzić tę rzecz do końca i zrealizować to, w co się zaangażowaliśmy.

Niewypełnianie swoich zobowiązań oznacza zrzeknięcie się odpowiedzialności za własne myśli, intencje, działania oraz za swoją ewolucję. Uchylanie się od powinności sprawia, że ów niewidzialny obowiązek trwa w obrębie niskich częstotliwości – a przez to powstrzymuje naszą ewolucję.

Dbałość

Aby uzyskać wysokie częstotliwości, musimy wykazywać się odpowiednią troską w każdych warunkach. Na przykład powinniśmy:

- dbać o to, co robimy;
- dbać o to, co mówimy;
- dbać o to, co jemy;
- dbać o to, co pijemy;
- dbać o to, czym oddychamy;
- dbać o to, jak wykonujemy ćwiczenia fizyczne;
- dbać o to, jak pomagamy;
- dbać o to, jak się czujemy;
- dbać o nasze związki;
- dbać o to, jak czują się inni;
- dbać o naszą edukację fizyczną;
- dbać o naszą edukację duchową;
- dbać o tych, których kochamy;
- dbać o tych, których nie kochamy i kochać również ich!
- dbać o nasz dom;
- dbać o naszych przyjaciół;
- dbać o nasz kraj;
- dbać o naszą planetę;
- dbać o nasz wszechświat;
- dbać o naszą relację z Bogiem;
- dbać o WSZYSTKICH i WSZYSTKO ponieważ Bóg dba o NAS!

Uważność na co dzień

Uważność w odniesieniu do tego, co mówimy i robimy jest konieczna. Musimy czynić wszystko, co w naszej mocy, aby było to konstruktywne, a nie destruktywne, kreatywne, a nie pozbawione wyobraźni, pozytywne, a nie negatywne. Bycie uważnym pomoże nam wywrzeć realny wpływ na rzeczywistość.

Dostrzegać światło we wszystkich

Kiedy dostrzegamy światło w każdym, wszyscy będą dostrzegać światło w nas. Dając do zrozumienia, że widzimy światło w każdym i we wszystkim, ukazujemy również to, że dostrzegamy dobro w każdej osobie i w każdej rzeczy.

Jest to krok niezwykle pozytywny, bo uzależniająca, pociągająca natura tej postawy przełamuje wszelkie międzyludzkie bariery.

Przestrzeganie dziesięciu przykazań Istoty Źródła

1. Nie pożądaj cudzej własności. Dlaczego mielibyśmy pragnąć własności innego człowieka, szczególnie wtedy, gdy nasze środki do życia nie pozwoliłyby zachować tej rzeczy na dłużej? Żyjmy najlepiej, jak tylko umiemy dzięki środkom, które już mamy – i zadowalajmy się tym. Pamiętajmy też, że posiadając to, co posiadamy, radzimy sobie najlepiej, jak potrafimy. Wtedy sytuacja, w której się znajdujemy przyniesie nam pokój. Poza tym warto pamiętać, że wszystko, co mamy przemija. Własność ustaje z chwilą, gdy nasze ciało fizyczne umiera.

2. Nie pożądaj cudzego małżonka. Powodem, dla którego jesteśmy z naszym obecnym małżonkiem jest to, że już wcześniej pracowaliśmy razem podczas innych inkarnacji lub dlatego, że teraz musimy przepracować razem pewne problemy – odnosząc wzajemne korzyści pod względem ewolucyjnym. To interesujące przykazanie, bo kwestia, której ono dotyczy, jest praprzyczyną olbrzymiej energii karmicznej.

3. Nie czyń innym tego złego, które oni czynią tobie. Dlaczego zadajemy sobie tyle trudu, aby odpłacić innym za to, co oni wyrządzili nam? Nie jest to kreatywny sposób wykorzystania naszych energii. Powinniśmy spróbować postawić się w ich sytuacji, zrozumieć ich problemy i ofiarować im wsparcie i miłość kiedy tylko możemy – nawet jeśli tych osób po prostu nie lubimy. Będzie to dla nich wielka pomoc, szczególnie jeżeli otrzymają ją od kogoś, kogo uważają za swojego wroga lub przeciwnika. Może jeśli my dostrzeżemy w nich dobro, oni też je dostrzegą. Jeżeli tak nie postępujemy, kreujemy frustrację i karmę – zamiast postawy akceptacji i podążania dalej drogą życia z miłością w sercu.

4. Pomagaj mniej sprawnym od siebie. To fundamentalna reguła, bo wiąże się z nią najwięcej sposobności, aby ewoluować. Chodzi o

to, że powinniśmy udzielać pomocy potrzebującym wtedy, gdy nadarzy się okazja. Pamiętajmy, że wszyscy pochodzimy od tego samego ducha, od tego samego Źródła. Dlaczego mielibyśmy być samolubni w korzystaniu z naszego dobrego zdrowia? Niejako dzielenie się nim poprzez pomaganie innym ludziom otwiera przed tymi osobami drzwi do tego, aby i one wykorzystały swoje zdrowie wtedy, kiedy to my będziemy mniej sprawni. Tak zamknie się pewne koło.

5. Pomagaj tym, którym wiedzie się gorzej niż tobie. To przykazanie jest równie fundamentalne, co przykazanie czwarte. O ile czwarte wiąże się z fizycznym aspektem kondycji człowieka, niniejsza reguła dotyczy raczej sytuacji, w której znajdują się inni. Raz jeszcze przypomina nam, abyśmy pomagali innym wtedy, gdy nadarza się po temu okazja. Mogą to być rzeczy tak błahe, jak zrobienie zakupów, naprawa samochodu lub zakup posiłku – wtedy, gdy ktoś tego potrzebuje.

6. Wszechświat należy do ciebie na zawsze. Przywiązujemy się do posiadania przedmiotów fizycznych, a przecież cały wszechświat czeka na to, aby wziąć go w posiadanie – o ile tylko poświęcimy trochę czasu na uświadomienie sobie tego, a potem na działanie w oparciu o tę świadomość. Jako ludzkość jesteśmy przywiązani do posiadania Ziemi. Ale przecież nikt jej nie posiada. To osobna istota. Kiedy zdamy sobie z tego sprawę, możemy wybrać się gdziekolwiek i kiedykolwiek, cieszyć się całym wszechświatem i całą Ziemią. Dlaczego więc przyszpilać się jedynie do ich małej części? Własność ziemi i innych rzeczy fizycznych to nic złego, to sposób na uzyskanie pewnego psychicznego komfortu. Jednak kiedy jesteśmy w pełni przebudzeni (jeśli chodzi o pojmowanie otaczającej nas rzeczywistości), to naprawdę nie ma potrzeby, abyśmy cokolwiek posiadali lub do czegokolwiek się przywiązywali.

7. Nie będziesz czcił bożków uczynionych ręką ludzką. Względnie łatwo przestrzegać tego teraz, w obecnej epoce, jako że mamy do czynienia z większym zrozumieniem tych zagadnień, niż parę tysięcy lat temu. W istocie dotyczy to również kościołów, ponieważ są one większymi wersjami materialnych bożków. Czemu czcić sferę fizyczną, skoro możemy medytować o uzyskaniu dostępu do sfery energetycznej/duchowej? Na początku bożki wykorzystywano do tego, aby wtajemniczonym

(czyli studiującym prawdę, rzeczywistą prawdę!) dać coś, na czym mogliby skupić swoją uwagę podczas głębokiej medytacji. Od tamtego czasu zostało to całkowicie wyrwane z kontekstu, a w dzisiejszym społeczeństwie kult bożków nie jest już żadnym wymogiem.

8. Czcij swoich rodziców. To przykazanie podyktowane jest głównie potrzebą udzielania pomocy naszym rodzicom wtedy, gdy ich fizyczne ciała starzeją się tak bardzo, że przestają oni udzielać się społeczeństwu w tym stopniu, co niegdyś. To problem o szczególnej doniosłości na przestrzeni minionych kilku tysięcy lat, kiedy to wcielający się utracili wiedzę o energiach wszechświata i władzę nad nimi. Starsze pokolenie dysponuje całą wiedzą o przeszłości po to, aby przekazać ją nam i naszym dzieciom. Bez naszych przodków nie docenialibyśmy naszych korzeni i utracilibyśmy nasze podstawowe wartości. A przecież bez owych podstaw gmach wiedzy jest niczym, jak tylko talią kart ułożoną w kształt domu. Było już wiele ras istot wcielonych, które boleśnie się o tym przekonały w wyniku katastrof. Zostały wystawione nagie na pastwę żywiołów i nie miały gdzie się podziać właśnie dlatego, że straciły z pola widzenia to, co fundamentalne.

9. Nie mów kłamstw na temat swojego bliźniego. To następny problem ogólny – ogromne ryzyko nagromadzenia energii karmicznej i spowolnienia ewolucji poprzez osunięcie się ku niższym częstotliwościom. Dlaczego w ogóle mielibyśmy kłamać? Jeżeli uczyniliśmy coś złego, to powinniśmy wziąć za to odpowiedzialność i zaakceptować fakt, że oto zyskaliśmy szansę doświadczenia w strefie fizycznej czegoś innego, czegoś, z czego wyciągniemy korzyść później. Dotyczy to również okropnego zwyczaju obgadywania kogoś po to, aby wkupić się w łaski innych osób z naszego otoczenia. W końcu mści się to na nas i sprawia, że gromadzimy jeszcze więcej energii karmicznej. Co gorsza, energii karmicznej przybywa także osobom obgadywanym (chyba, że są na wyższym poziomie ewolucji), bo zazwyczaj chcą się na nas odegrać – a to właśnie ową energię przyciąga.

10. Nie okradaj swojego bliźniego. Czemu w ogóle kraść? To przecież niekonieczne, bo to, co już mamy, jest wszystkim czego potrzebujemy, aby doświadczyć życia w sferze fizycznej zgodnie

z przyjętym przez nas planem. Bóg lub my sami zatroszczymy się o wszystko – i tak właśnie się dzieje. Zapewnione jest wszystko, czego nam potrzeba, aby warunki naszej „wycieczki" na Ziemię, w niskie częstotliwości, sprzyjały naszemu optymalnemu stanowi ewolucyjnemu. Kradzież to kolejny sposób na zgromadzenie olbrzymiej energii karmicznej – także dlatego, że nieodmiennie kończy się to kłamstwem w celu zapewnienia sobie bezkarności.

Ćwiczenie się w cierpliwości

Bycie cierpliwym wobec wszystkich i wszystkiego – a szczególnie wobec siebie samego – to doskonałe ćwiczenie. Wyrobienie sobie spokojnego i cierpliwego usposobienia przyciąga energie i przyjaciół o wysokiej częstotliwości.

Kiedy jesteśmy cierpliwi i spokojni, dajemy wspaniały przykład innym jak żyć w tym zabieganym świecie, na najniższym poziomie fizyczności, a jednocześnie unikać uzależnień od niskich częstotliwości związanych ze stanem niepokoju.

Nieoczekiwanie nagród

Oczekiwanie, że coś się wydarzy może być pojmowane jako przeciwstawna funkcja jedynie pożądania czegoś – szczególnie wtedy, gdy oczekujemy nagrody za służbę. Czyniąc tak przywiązujemy się do fizycznych pragnień o niskiej częstotliwości, a przez to gromadzimy określoną ilość karmy.

Oczekiwanie jest czymś, czego trzeba unikać w perspektywie bardziej osobistej, szczególnie gdy oczekujemy określonej reakcji albo działania ze strony przyjaciela lub kolegi.

Nie oczekując niczego, zyskamy dwie rzeczy:

1. Wolność od karmicznego węzła, którym krępuje nas oczekiwanie,
2. Radość, gdy przyjaciel lub kolega zareaguje w sposób właściwy i duchowo najbardziej pożądany.

Nieuprzedzanie faktów

Oczekiwanie na jakieś zdarzenie opiera się na tym, że w jakiś sposób pragniemy, aby do niego doszło. Dlatego wiąże nas ono z owym „pożądanym" rezultatem. Kiedy usuniemy oczekiwanie, usuniemy również pragnienie, bo jedno wynika z drugiego.

Kiedy usuwamy z naszych umysłów oba te stany, likwidujemy możliwość wpadnięcia w tworzącą je pętlę niekończących się przyczyn i skutków. Dlatego mądrze jest pozostawić oczekiwanie i pragnienie w ich własnym kręgu knowań.

Akceptowanie zrządzeń Boskiej Opatrzności w każdej sytuacji

Oczekując jakiegoś rezultatu, tworzymy sobie obraz tego, czego pragniemy. Kiedy pojawi się rezultat faktyczny, uznajemy go za pozytywny lub negatywny poprzez porównanie z rezultatem oczekiwanym, upragnionym.

Oczekiwanie na określony wynik zdarzeń czy działań to cecha natury ludzkiej, która ostatecznie łączy nas ze sferą fizyczną. Kiedy potrafimy trwać w „teraz" – a przez to usuwać element antycypacji – to działamy w oparciu o przekonanie, że Boska Opatrzność będzie miała ostatnie słowo, że doprowadzi do rezultatu w danej sytuacji najlepszego.

Pojmowanie różnych sytuacji jako szans na ewolucję

Antycypacja to ograniczający proces myślowy. Jest oczekiwaniem pożądanego efektu – przy czym pożądanie definiujemy tu jako „stan specyficznego skoncentrowania na sferze materialnej". Nasza uwaga jest wtedy skupiona na preferowanym rezultacie, a nie na szerszym duchowym procesie, który do niego prowadzi. Kiedy oczekiwany rezultat okazuje się czymś innym, niż to, czego oczekiwaliśmy, budzi nasze niezadowolenie lub rozczarowanie. Odczucia te wynikają z działania w zawężonej perspektywie właściwej istotom wcielonym; nie postrzegamy owego rezultatu z szerszej perspektywy duchowej. Musimy jednak pamiętać, że bez względu na ów wynik wszystko, czego doświadczamy jest pomyślane w taki sposób, aby pomagało nam w naszej ewolucji.

Dlatego powinniśmy akceptować sytuacje, które stawia przed nami życie i traktować je jako szanse ewolucyjne – a nie planować określone, antycypowane rezultaty i tracić czas na myślenie o tym gdzie i jak mogą one wystąpić oraz jakie one będą.

Akceptacja frustracji

Frustracja jest produktem pragnienia zmieniającego się w oczekiwanie. Opiera się na naszej niezdolności do czekania na to, co nastąpi z woli Boskiej Opatrzności w odpowiednim momencie naszego wcielonego istnienia.

Frustracja rodzi się również z niemożności pomyślnego zrealizowania naszych planów. Kiedy się tak dzieje, jest to wynikiem naszego niezaadaptowania do otrzymywanych szans na naukę i ewolucję – a więc tego, że ponad owe doświadczenia przedkładamy rezultaty preferowane, a nie faktyczne.

Frustracji można uniknąć poprzez nieoczekiwanie niczego, a jednocześnie akceptowanie wszystkiego – żyjąc w warunkach, które są przewidziane w boskim planie.

Niecierpliwość – stan poprzedzający frustrację

Niecierpliwość poprzedza frustrację i związane z nią reakcje emocjonalne. To skutek tego, że istniejemy w sferze fizycznej, a jednocześnie zachowujemy w naszej pamięci energetycznej sposób działania właściwy dla sfery energetycznej – w której zmiany uzyskujemy natychmiast, poprzez czystą intencję tworzącą myśl, a następnie poprzez oparte na tej myśli działanie.

W niskich częstotliwościach wszechświata fizycznego nie jest to możliwe. Jednak pamięć o tej funkcji trwa w nas podczas inkarnacji. Stąd frustracja kiedy nie zdarza się to, czego chcemy. W tym przypadku remedium polega na zachowaniu spokoju i cierpliwym oczekiwaniu, aż nasza praca przyniesie owoce.

Niecierpliwość wiąże się z myślami o niskiej częstotliwości, z tak charakterystycznym dla naszych czasów pragnieniem natychmiastowej gratyfikacji. Po prostu nie możemy się doczekać aż to czy tamto w końcu się wydarzy. Ściąga nas to do niższych częstotliwości, niweluje spokojne myśli wysokoczęstotliwościowe i radosne oczekiwanie aż to, co zaczęło być manifestowane, ziści się. Sami pozbawiamy się szansy, aby podziwiać zakulisowe procesy służące finalizacji tego, co zostało zamanifestowane poprzez intencję, myśl i działanie.

Poczucie niezadowolenia i zniecierpliwienia

Nie wolno nam być niecierpliwymi. Powinniśmy zwracać na to uwagę. Jest to funkcja antycypacyjnego pragnienia, przeniknięta oczekiwaniem na to, co może się zdarzyć lub może się nie zdarzyć. Niecierpliwość tworzy się wtedy, gdy jesteśmy niezadowoleni z tego, co mamy, z tego czym jesteśmy lub z tego, czym oczekujemy, że się staniemy lub też z tego, czym – z perspektywy czasu–już byliśmy lub oczekiwaliśmy, że będziemy.

Jako że w sferze energetycznej czas nie istnieje, niecierpliwość jest czymś jałowym, pozbawionym sensu. Musimy ufać, że wszystko zdarza się wtedy, kiedy ma się zdarzyć – po to, aby zapewnić nam właściwy, umożliwiający nieskazitelną ewolucję poziom doświadczeń i nauki.

Zadowolenie jako obosieczny miecz

Stan zadowolenia oznacza, że dojrzeliśmy do pracy ze sferą fizyczną przebywając w niej, a jednocześnie nie przynależąc do niej. Nie pociągają nas już owe materialistyczne atrakcje o niskich częstotliwościach, które tworzą karmiczną więź ze sferą fizyczną i wstrzymują nasze osobiste wznoszenie się ku wyższym częstotliwościom. Możemy wzlecieć ponad częstotliwości niskie, pójść dalej i wyżej – ku stałej komunii z naszym Stworzycielem.

Jednak gdy jesteśmy zadowoleni z naszego postępu duchowego, gdy jesteśmy szczęśliwi z tego, co już dokonaliśmy – czyniąc to, co czynimy i doświadczając zjednoczenia ze sferą ducha – to nigdy nie wykroczymy poza to, co w rzeczywistości jest jedynie duchowością zlokalizowaną. Nie osiągniemy tych zawrotnych wyżyn, na których możliwe jest stałe zjednoczenie z naszym Stworzycielem.

Ofiarowywanie bezwarunkowej miłości

Ofiarowywanie miłości – a ściślej, miłości bezwarunkowej – to najcudowniejsza rzecz, jaką możemy dawać sobie nawzajem. Jednak nie powinniśmy zastrzegać tego daru dla tych, których znamy, kochamy, do których mamy zaufanie, których czcimy i szanujemy. Powinniśmy obdarzać tą miłością także tych, których początkowo nie znamy, których się boimy, których nienawidzimy, nie znosimy, nie lubimy lub którym nie ufamy. A to dlatego, że wszyscy jesteśmy częściami Istoty Źródła. Dlatego też owi ludzie są częścią nas samych. Uznawanie tej prawdy oraz poznanie jej w sposób doświadczalny jest milowym krokiem na drodze do egzystencji w wysokich częstotliwościach.

Uprzejmość

Kiedy jesteśmy uprzejmi i ofiarowujemy uprzejmość każdemu i w każdych okolicznościach, czynimy krok na naszej drodze do istnienia w wyższych częstotliwościach – ponieważ uprzejmość stanowi preludium do bezwarunkowej miłości wszystkich i każdego z osobna.

Utrwalanie karmy

Wszechświat nie rządzi się karmą. To my, jako rodzaj ludzki, tworzymy ją poprzez zauroczenie niskimi częstotliwościami związanymi ze sferą fizyczną. Dlaczego więc utrwalamy to, co nie istnieje w sposób naturalny?

Wystrzeganie się rywalizacji

Musimy unikać rywalizacji z innymi na wszystkich poziomach, włącznie z tymi duchowymi. Rywalizacja pojawia się wtedy, gdy jesteśmy kuszeni, aby spróbować być jak ktoś inny – ktoś, kto zdaje się mieć te duchowe uzdolnienia lub umiejętności, których my, jak czujemy, nie mamy, a pragniemy je mieć. Patrzymy więc na tę osobę jako lepszą od nas i staramy się być lepszymi od niej.

W takiej sytuacji zapominamy, że jesteśmy istotami indywidualnymi, podążającymi naszymi własnymi drogami. Jako tacy musimy koncentrować się na tym, co robimy na nasz własny sposób, nie próbując być równymi lub lepszymi od tych, którzy nas otaczają. Po prostu powinniśmy być sobą i ewoluować dzięki pracy nad własnym udoskonaleniem, wykonywanej w naszym własnym tempie.

Zadowolenie z powodu zadowolenia

Zadowolenie to prawa ręka karmy. Tylko czeka na moment, w którym poczujemy, że rozwiązaliśmy wszystkie nasze problemy duchowe i że teraz nie musimy już robić nic.

Kiedy jesteśmy przekonani, że nasza praca jest już wykonana, w rzeczywistości znajdujemy się na starcie – ponieważ zadanie, jakim jest praca nad zbliżeniem się ku Bogu i ku doskonałości to coś, co wypełnia całe życie, co wymaga nieustannej pilności, introspekcji i analizy naszych duchowych osiągnięć.

Akceptowanie wszystkiego

Opór wobec tego, co się nam przydarza, a co my uważamy za suboptymalne, to opór wobec wiedzy, którą mogą dostarczyć nam życiowe lekcje – lekcje tego, jak dystansować się od wydarzeń, których genezą jest sfera fizyczna.

Akceptacja usuwa ów opór i eliminuje potrzebę ponownego doświadczenia tego, czego doświadczamy. Opór stwarza okazje do pojawienia się wpływów karmicznych, lecz kiedy go zneutralizujemy, akceptacja może sprawić – i sprawia – że owe okazje znikają.

Nauka poprzez obserwację

Kiedy obserwujemy te osoby z naszego otoczenia, które nie są świadome wyższej rzeczywistości, często zauważamy jak działają one na rzecz dobra własnego, a nie dla dobra wszystkich innych oraz ich Stworzyciela.

Jakkolwiek nie będziemy mogli ich zmienić, to jednak mają oni dla nas pewien dar. Jest nim nieustanneprzypomnienieczymmożemy się stać, jeżelipozwolimy sobie powrócićdoprzekonania, że egzystencja w sferze fizycznej to jedyna rzeczywistość, jaka istnieje.

Pamiętając o tym, będziemy kontynuować naszą intensywną pracę dotyczącą przybrania postawy służby, medytowania o naszym Stworzycielu oraz doświadczania wyższej rzeczywistości.

Porównywanie siebie do innych

Nie wolno nam porównywać się z innymi. Kiedy już raz wyjdziemy na drogę porównywania się z naszymi przyjaciółmi, krewnymi, sąsiadami i kolegami, narażamy się na ryzyko niezadowolenia z nas samych oraz z przemijających, ziemskich rzeczy, które posiadamy.

Niezadowolenie to podstępna więź z egzystencją fizyczną, wymagająca od nas czujności.

Żyć jako tymczasowy opiekun

Musimy koniecznie pamiętać, że jesteśmy jedynie opiekunami tego, co nas otacza w sferze fizycznej. Tak naprawdę nigdy niczego nie mamy na własność. Otrzymaliśmy jedynie sposobność życia z tym, co sobie kupujemy podczas naszej inkarnacji – możliwość obsługi tych rzeczy lub pracy, do której je wykorzystujemy.

Odłączanie ciała fizycznego od ja energetycznego

Ból fizyczny to stałe przypomnienie, że przebywamy w naszym wehikule fizycznym – ograniczonym przez procesy myślowe związane z wcieleniem.

"Ograniczony" i "myśl" są tutaj słowami kluczowymi. Kiedy nie jesteśmy ograniczeni "więzami myśli" wynikającymi z posiadania formy fizycznej, możemy pracować z wyższą rzeczywistością tu, w sferze fizycznej, jednocześnie do owej sfery nie przynależąc. Wtedy zdajemy sobie sprawę, że forma fizyczna jest stanem przejściowym. Jako taka jest wykorzystywana do przemijających, chwilowych doświadczeń – wtedy, gdy przebywamy w niskich częstotliwościach związanych ze wszechświatem fizycznym.

Kiedy zdajemy sobie sprawę – w pełni, do samego rdzenia naszego istnienia – że to prawda, potrafimy oddzielić nasze fizyczne "ja" od naszych energetycznych "ja" oraz usunąć mentalną więź z niższymi częstotliwościami. Odłączając nasze energetyczne "ja" od funkcji bólu odczuwanego przez wehikuł fizyczny, który zamieszkujemy, możemy żyć życiem fizycznym wolnym od bólu. A przy okazji usunąć karmiczną więź z tym światem.

Takie mistrzowskie opanowanie fizyczności wymaga podtrzymywania odpowiedniej myśli – w sposób zdeterminowany, niewzruszony, skupiony, stały, solidny, oparty na intencji, 24 godziny na dobę i 7 dni w tygodniu.

Ból fizyczny to stałe przypomnienie, że przebywamy w ciele fizycznym. Podobnie doznania seksualne i inne uzależnienia cielesne przypominają, że jesteśmy ograniczeni myślowymi i doświadczeniowymi procesami zachodzącymi w wehikule, w który się wcieliliśmy.

Oczywiście niektóre z doznań, które odczuwamy podczas inkarnacji są radością. Niektóre, takie jak odczucia seksualne, mogą być uzależniające. Inne, takie jak dotyk, smak, powonienie i wzrok to doznania ograniczone do egzystencji w ciele. W sferze energetycznej jesteśmy ponad tymi doznaniami i dlatego ich potencjalne właściwości uzależniające nie mają na nas wpływu. Ponieważ jednak mamy wcielać się po to, aby lepiej realizować nasze zaangażowanie w ewolucję, codziennie doświadczamy wielu odczuć – a część z nich stanowi łącznik z niskimi częstotliwościami sfery fizycznej. Jeśli chodzi o doznania zmysłowe, powinniśmy mieć się na baczności, ponieważ potrafią być zdradliwe – z uwagi na ich charakter uzależniający.

Ostrożnie z pragnieniami

Ważne jest, abyśmy zdawali sobie sprawę z naszych pragnień, ponieważ stanowią one drogę do niskich częstotliwości. Jeżeli pragnienia te odnoszą się do rzeczy w sferze fizycznej, to będą nas one kotwiczyć w sferze fizycznej. Jeżeli pragniemy zjednoczyć się z naszym Stworzycielem, naszą Istotą Źródłem – Bogiem, to nasze pragnienie będzie drogą ku wyższym częstotliwościom i przyniesie nam karmę pozytywną.

Posiadanie długów

W naszej ziemskiej formie inkarnacyjnej musimy unikać zadłużenia wobec kogokolwiek i czegokolwiek, zarówno finansowo, materialnie, jak i w każdej innej formie. Dług to czynnik, który poddaje nas kontroli wierzyciela. Wszelkiego rodzaju długi wiążą nas ze sferą fizyczną. Nakładają na nas obowiązek spłacenia zobowiązań z odsetkami – co sprawia, że dług się spiętrza, wywołując niskoczęstotliwościowe myśli (takie jak uraza czy gniew), których przedmiotem jest wierzyciel.

Powinniśmy mieć i uznawać tylko jeden dług. Mianowicie ten, do doświadczenia którego zgłaszamy się sami poprzez to, że się wcielamy. Zgadzamy się wtedy doświadczać, uczyć się, ewoluować, dzielić się tą ewolucyjną treścią, owym długiem stworzenia z naszym Stworzycielem – a jednocześnie sami tę ewolucyjną treść „obsługujemy" i podtrzymujemy. To nie jest dług fizyczny, wiążący nas z niskimi częstotliwościami świata fizycznego. To dług przyjemności, radości, rozkoszy i miłości. Dług pragnienia, aby naszymi indywidualnymi wysiłkami pomóc naszemu Stworzycielowi w jego ewolucji.

Jeżeli jednak mamy już jakiś dług „fizyczny", to najlepsza droga naprzód nie polega na chronieniu się przed niskimi częstotliwościami myśli, które ów dług wywołuje, lecz na zaakceptowaniu faktu, że sami do tej sytuacji doprowadziliśmy. Jeśli bowiem dostrzeżemy w naszym położeniu szansę na osobisty wzrost, to możemy je wykorzystać do tego, aby podnieść nasze częstotliwości. Wtedy z radością pracujemy, aby spłacić należność wraz z odsetkami – czyniąc z tego podziękowanie dla wierzyciela za to, że pomógł nam wtedy, gdy jego pomoc była potrzebna. Czynimy to bez pretensji wobec siebie samych za to, że znaleźliśmy się w sytuacji zadłużenia lub wobec wierzyciela za to, że naliczył odsetki. A przez to zrywamy karmiczną więź.

Poczucie krzywdy z powodu zdrady

Odczucie, że jest się zdradzonym towarzyszy nam wtedy, gdy oczekiwana nagroda lub wyrazy uznania jednak się nie pojawiają. Jest ono jeszcze głębsze, gdy pracujemy dla kogoś, kto zbiera owoce naszej ciężkiej pracy i z tego powodu cieszy się uznaniem, którego to my oczekiwaliśmy.

Poczucie, że zostało się zdradzonym może wywołać i ostatecznie wywołuje rozgoryczenie – szczególnie wtedy, gdy go nie dostrzegamy i nie neutralizujemy poszukując porady lub wiedzy z wyższego porządku (czyli wiedzy dotyczącej potrzeby i konieczności, które sprawiły, że dana osoba dopuściła się zdrady). Kiedy zostaniemy w jakiś sposób zdradzeni, musimy wykorzystać to jako szansę do zyskania treści ewolucyjnej. Ważne jest, abyśmy zajęli wtedy stanowisko „obserwującego ja" i przyjrzeli się przyczynom, które skłoniły kogoś do zdrady.

To szansa, aby wzbudzić prawdziwe współczucie wobec tej osoby i w sposób wolny oddać to, co zostało nam odebrane bez pytania nas o zgodę. Czyniąc to przekierowujemy energię zdrady i sprawiamy, że staje się ona energią służby – służby wobec zdrajcy. Możemy wtedy darzyć tę osobę miłością i natychmiast, całkowicie jej wybaczyć – dlatego, że stworzyła nam szansę, abyśmy wykorzystali zdradę do podniesienia naszych osobistych częstotliwości. W tym przypadku

58

podnosimy je poprzez uznanie zdrady za sposobność do powiększenia zasobu naszych doświadczeń związanych ze wzrostem; za szansę na to, aby uczyć się i ewoluować zamiast kierować ku zdrajcy nasz gniew, nienawiść czy urazę.

Akceptacja zamiast urazy

Uraza, reakcja o szczególnie niskiej częstotliwości, jest funkcją zdrady, oczekiwań, porównywania różnych osób i nieakceptacji. Chociaż jest to zjawisko wtórne, wywołane wyżej wymienionymi zachowaniami, maskuje ono pierwotne przyczyny swojego istnienia, a przez to ukrywa samo swoje istnienie. Kiedy pochwyci nas zwrócona w dół spirala urazy, zaczynamy ulegać indywidualnym procesom myślowym w rodzaju „biedny ja", „czemu oni, a nie ja".

Antidotum na urazę stanowi całkowita akceptacja tego, co to uczucie spowodowało. Dochodzimy do tego korzystając z funkcji zdystansowanego „obserwującego ja". Pozwala nam ona dostrzec wydarzenia i procesy, które doprowadziły nas do takiego, a nie innego stanu umysłu. Następnie powinniśmy wybaczyć sobie samym to, że weszliśmy na ścieżkę urazy oraz wybaczyć, zaakceptować i pokochać tych, których sytuacje osobiste uznaliśmy za lepsze od naszej własnej. Nawet jeżeli wydaje się, że dostają oni coś za nic i zawsze pojawiają się we właściwym miejscu o właściwym czasie, trzeba, abyśmy uznali fakt, że jest to właśnie to, na co się oni umówili, to, czego mieli doświadczyć przebywając w niskich częstotliwościach wszechświata fizycznego – i że umożliwi im to doświadczanie, naukę i ewolucję tak samo, jak innym wcielonym. Czyli na ich własny sposób.

Nieodmawianie prośbom o pomoc

Czy zauważyliście, że czasem odmawiamy pomocy tym wcielonym, którzy jej potrzebują? Czynimy tak w niezliczonych sytuacjach, unikając tych osób na tyle szybko, aby nie zaangażować się daną sytuację. Może to być żebrak na ulicy, ofiara wypadku samochodowego lub ktoś będący obiektem przemocy. Kiedy tak postąpimy, czujemy się nieswojo. Uczucie to wywołuje energia przesyłana do nas od osoby w potrzebie, proszącej o pomoc, lecz ignorowanej. Ta transmisja powoduje dysharmonię. Kiedy mamy poczucie, że POWINNIŚMY komuś pomóc, to znaczy, że MUSIMY tej pomocy udzielić.

Dyskomfort odczuwany przy ignorowaniu prośby o pomoc jest także inną wskazówką. To informacja, że potrzeba wspomożenia wynika z przedwcieleniowego wzajemnego zobowiązania do współpracy między nami a osobą potrzebującą. Zwróćmy uwagę, jak długo towarzyszy nam potem ta jakże częsta myśl: „Powinienem wtedy pomóc – ale nie pomogłem". Ta myśl to szansa, aby zawrócić i być tą pomocą, o którą ktoś prosi.

Mądrze jest również pamiętać, że może to być okazja do usunięcia karmy. Ignorowanie wspomnianego tu odczucia może natomiast stworzyć więcej karmy lub wzmocnić istniejącą więź karmiczną. Czemu więc ryzykować, skoro możemy po prostu pomóc tej osobie i wrócić do domu z rozśpiewanym sercem?

Dostrajanie się do innych

Kiedy dostrajamy się do wyższej rzeczywistości dotyczącej tych ludzi, którzy potrzebują pomocy, uzyskujemy wyższy poziom zrozumienia i ostateczne potwierdzenie, czy z uwagi na swoje potrzeby wymagają oni naszej pomocy lub służby. Jeżeli dostroimy się i poczujemy, że nie jest konieczne, abyśmy to my byli ich wyzwolicielami (uwaga, nie jest to sposób na proste wymiganie się od służby) to – ponieważ nie ma między nami karmicznej więzi – możemy przejść nad daną sprawą do porządku dziennego. Jednak musimy się upewnić, że owo dostrojenie bierze pod uwagę możliwość stworzenia karmy – nawet jeśli na początku żadna karmiczna więź nie była widoczna. To, że nie ma takiej więzi między nami a kimś innym wcale nie znaczy, że nie może być ona stworzona poprzez niewykorzystanie szansy na to, aby temu komuś usłużyć.

Ci, którzy nie potrzebują pomocy, ale o nią proszą, ryzykują stworzenie swojej własnej karmy. Stąd potrzeba, abyśmy się najpierw do nich dostroili. Kiedy w tym przypadku uprzejmie powstrzymamy się od udzielenia im pomocy, przyczynimy się do tego, że osoby te nie zaciągną karmy powiązanej z nami poprzez nieuzasadnioną prośbę o wsparcie. W ten sposób nasza służba wobec tych osób będzie jeszcze cenniejsza.

Skupianie się na dniu dzisiejszym

Agdybyśmy zaczynali każdy dzień tak, jakby to był nasz pierwszy dzień na Ziemi? Nie mielibyśmy kłopotów, nie mielibyśmy wrogów, nie mielibyśmy zmartwień, nie mielibyśmy trosk.

A gdybyśmy tak uznali, że te rzeczy, które musimy robić, są dla nas radością, przyjemnym wyzwaniem? Że cieszą nas spotkania z innymi ludźmi – bo spotykamy ich pierwszy raz i oni także spotykają nas po raz pierwszy? Moglibyśmy ich zapytać co możemy dla nich zrobić i nie pragnąć żadnego wynagrodzenia.

A gdybyśmy tak uznali, że życie na tym obszarze, w którym się znajdujemy jest radością, okazją do rozwoju, szansą na coś pozytywnego – a my możemy żyć i działać w chwili obecnej?

W takim stanie umysłu nie mamy uprzedzeń, poczynionych z góry założeń, lęków, działań nie do przeprowadzenia, a jedynie radość z bycia tutaj, z tego, że możemy uczestniczyć w tej rzeczywistości i służyć innym. Żyjemy w pokoju.

Szanowanie nas samych i naszego środowiska

Gdy szanujemy nasze środowisko, ziemię, drzewa, morze i zwierzęta, szanujemy nas samych.

Utrzymując postawę szacunku żyjemy w wyższej częstotliwości niż ta, w obręb której się wcieliliśmy.

Kiedy uświadomimy sobie, że stanowimy jednozinnymi wcielonymi orazznaszym Stworzycielem, naszą Istotą Źródłem, naszym Bogiem, powinniśmy być też świadomi, że stanowimy jedno z pozostałymi stworzeniami naszego Źródła. Włącznie z wielowszechświatem, wszechświatem fizycznym, galaktykami i planetami, mgławicami i gwiazdami, Ziemią oraz jej fauną i florą. Uznając to, w sposób naturalny będziemy traktować wszystko tak, jak traktujemy siebie samych–z szacunkiem, uprzejmością, miłością, mądrością i poczuciem jedności.

63

Dawanie dobrego duchowego przykładu

Kiedy ignorujemy potrzeby naszego rodzeństwa lub dzieci dotyczące miłości, opieki i mądrości, przypomina to ignorowanie naszego ja. Co więcej, niezapewnienie edukacji duchowej naszym dzieciom lub młodszemu rodzeństwu w młodym wieku, gdy człowiek jest najbardziej podatny na wpływy, jest równoznaczne z odebraniem im szansy na stanie się lepszymi we wczesnym stadium ich inkarnacji. Później mogą zdryfować ku nawykom świata materialnego, co skutkuje egzystencją w warunkach zakumulowanych niskich częstotliwości.

Nauczania duchowego nie powinno się nikomu wmuszać. Trzeba uczyć poprzez osobisty przykład. Dziecko otoczone osobami o dobrych nawykach duchowych w sposób naturalny przejmie te przyzwyczajenia i zachowa je nawet wtedy, gdy zetknie się później z nawykami złymi. Jeżeli jednak dziecko otaczają ludzie o niedobrych zwyczajach, to późniejszy przykład dobrych nawyków nie będzie miał na nie wpływu – z uwagi na upajający efekt przyzwyczajeń złych, niskoczęstotliwościowych.

Kiedy zaniedbujemy okazje do zademonstrowania dzieciom jak żyć i istnieć w sposób wysokoczęstotliwościowy w świecie materialnym, odmawiamy im tej tak bardzo potrzebnej edukacji duchowej. Jest to karmiczny miecz obosieczny. Jeżeli skutecznie wystawiamy dzieci na wpływ odurzających niskich częstotliwości – lub karmy wynikającej z promowania lub niekorygowania przez nas ich złych nawyków – to poprzez niewystarczającą miłość i opiekę wobec najmłodszych

64

również my fundujemy sobie niskoczęstotliwościowe procesy myślowe. A ostatecznie tworzymy karmę także dla siebie.

Nieokłamywanie siebie samego

Nie uciekajmy od trwania w prawdzie o nas samych, szczególnie kiedy podlegamy zewnętrznej presji, aby się zmienić.

Kiedy zmusza się nas do tego, abyśmy byli kimś, kim nie jesteśmy (po to, aby wpasować nas w czyjś paradygmat), spełniamy oczekiwania cudze, a nie własne. Dostosowywanie się do oczekiwań innych osób jest równie ważne, jako dostosowywanie się do własnych – jednak tylko o tyle, o ile nie dzieje się to ze szkodą dla nas samych.

Powinniśmy trwać przy naszych własnych przekonaniach, wartościach, planach oraz przy swojej osobowości nawet wtedy, gdy inni próbują uczynić z nas kogoś, kim nie jesteśmy. W ten sposób zapewnimy sobie możliwość pracy z nimi operując z najwyższego poziomu. Kiedy pracujemy na poziomie prawdy i uczciwości, usuwamy możliwość zetknięcia się z działaniami niskoczęstotliwościowymi oraz uczestniczenia w nich. Jednocześnie prezentujemy postawę służby.

Wykorzenianie zwątpienia w siebie

Zwątpienie odnośnie do nas samych trzeba uznać za ważny aspekt karmy. A co ważniejsze – za coś, co powinniśmy usunąć ze słownika naszych doświadczeń.

Zwątpienie jest funkcją pozostawania w niskich częstotliwościach, istnienia w świecie fizycznym oraz ograniczających myśli. Myśli te są w nas programowane już w chwili, gdy się wcielamy. Dzięki nim funkcjonujemy zgodnie z pewnymi regułami i zasadami, które pozbawiają nas naszego dziedzictwa oraz pamięci o tym, że jesteśmy aspektami wcielającej się boskości.

Ale przecież jako owe aspekty jesteśmy nieograniczeni. Kiedy uznamy ten fakt, zwątpienie w siebie rozpływa się i od tej pory już go nie zaznajemy.

Ograniczające myśli

Ograniczające myśli są funkcją zwątpienia w siebie, zaniżonego mniemania o sobie i frustrującej egzystencji w niskich częstotliwościach. Z kolei owa frustracja jest funkcją leżącej u jej podstaw świadomości, że możemy i powinniśmy być zdolni do istnienia na wyższym poziomie. Ograniczenia naszych myśli mogą być skutkiem niezdolności do myślenia na poziomie wyższym niż ten, którego obecnie doświadczamy. Może to być również rezultat naszego zanurzenia w niskoczęstotliwościowych myślach otaczających osoby, które wiodą niskoczęstotliwościową egzystencję – osoby, ku którym możemy w naturalny sposób grawitować poszukując jedności czy też poczucia, że jesteśmy razem.

Zamiast tego powinniśmy koniecznie otaczać się osobami, które stale poszerzają granice swoich doświadczeń poprzez myśli nieograniczane, duchowo uświadomione. W ten sposób my sami będziemy tworzyć myśli wyższe, o nieograniczonej treści – a przez to podwyższać nasze częstotliwości.

Przyciąganie niskich częstotliwości poprzez zazdrość

Zazdrość to praktycznie niewidzialna metoda przyciągania niskich częstotliwości, bowiem działa na kilka sposobów:

Po pierwsze, możemy zazdrościć tego, co ktoś inny posiada. Kiedy pożądamy cudzej własności, tworzymy więź ze sferą fizyczną.

Po drugie, możemy być zazdrośni o to, kim ktoś się stał w trakcie swojej fizycznej egzystencji. Kiedy to odczuwamy, kiedy pragniemy być tym, kim jest ktoś inny – tworzymy pośrednie połączenie z niskimi częstotliwościami.

Po trzecie, każdy z powyższych dwu sposobów przyciągania niskich częstotliwości ulega wzmocnieniu poprzez nieuniknioną, podejmowaną przez nas samych rywalizację z osobami mającymi to, czego pragniemy.

Utrzymywanie ciała fizycznego w zdrowiu

Musimy dbać o nasze ciała fizyczne. Trzeba ćwiczyć, dobrze się odżywiać, pić wystarczająco dużo płynów i odpowiednio wypoczywać – tak fizycznie, jak i umysłowo.

Pociąg do niskich częstotliwości świata fizycznego oraz nawyki i uzależnienia, które nas w nich kotwiczą, są zwykle przypisane do działań spowodowanych dysfunkcyjnymi procesami myślowymi. Jednak nasz zaniedbany wehikuł fizyczny może wywołać to przyciąganie z taką samą skutecznością. Wynika to z naszego skupienia na bólach, zmęczeniu, spowolnieniu i braku energii, który jest skutkiem nadwagi i złej kondycji fizycznej. Ostatecznie prowadzi to do umysłowego i fizycznego letargu oraz poczucia „kapitulacji", bo przecież ów stan jest ZBYT TRUDNY, ABY GO ZMIENIĆ!

Podobne przyciąga podobne. Dlatego gdy jesteśmy w depresyjnym nastroju wywołanym przez niskie częstotliwości sfery fizycznej, ściągamy ku sobie podobne energie i związanych z nimi ludzi.

Zatem powinniśmy dbać o nasze ciała, by zachować zdrowie i jasny umysł. To z kolei umożliwi nam tworzenie pozytywnych, wysokoczęstotliwościowych procesów myślowych. Kiedy przyciągamy pozytywne myśli oraz stymulujemy charakteryzujące się wysokimi częstotliwościami reakcje na różne bodźce – przyciągamy też do siebie podobnie myślące osoby. „Doładuje" to nasze częstotliwości, przerwie wszelkie więzy trzymające nas przy częstotliwościach niskich i pozwoli uniknąć karmy.

69

Nie tylko mówić o „dobrym życiu", ale też wieść je

Negatywnej karmy unikamy wtedy, gdy teorię dobrego życia realizujemy w praktyce. Wtedy rzeczywistość owego dobrego życia daje nam radość – bo oznacza przerwanie karmicznego cyklu.

Badanie natury jedności

Skoro wszyscy są jednym, warto pamiętać o jedności, jaką tworzą podobnie myślące osoby współpracujące w ramach „metakoncertu" – skupione na pojedynczym celu stanowiącym przejaw służby na rzecz dobra powszechnego. Przykładem może być tutaj grupowa medytacja, podczas której miłość, światło i życzliwa pamięć są wysyłane ku wszystkiemu, co istnieje – a więc inaczej niż w przypadku medytacji grupowej, której celem jest potencjalna korzyść zindywidualizowana.

Fałszywa jedność jest uzyskiwana poprzez związek takich podobnie myślących i współpracujących ze sobą jednostek, które nie chcą pozostawać poza grupą, gdzieś na marginesie. Jest to jedność nakierowana na korzyść, którą ostatecznie uzyskuje nasze ja – i jest funkcją istnienia w świecie fizycznym.

Unikanie długów wdzięczności

Innym sposobem unikania karmy jest wystrzeganie się wszelkich sytuacji, w których jesteśmy wobec kogoś zobowiązani poza kontekstem bezinteresownej służby. Dotyczy to finansów, przysług, wsparcia lub porad.

Kiedy zaciągamy dług wdzięczności wobec kogoś, kto udziela nam pomocy w sposób interesowny, to osoba ta zyskuje nad nami kontrolę. Stajemy się jej zakładnikami, dopóki nie odpłacimy pewną (z początku zwykle nieznaną) przysługą czy pomocą.

Najtrudniej odwdzięczać się za coś, co stanowi znaczną korzyść. Może to sprawić, że będziemy zobowiązani wobec dobroczyńcy do końca naszej wcielonej egzystencji, że będzie się nam wciąż przypominać wartość pomocy, którą kiedyś otrzymaliśmy. Oznacza to życie w niedoli, pod czyjąś kontrolą.

Dlatego też pomocy należy udzielać jedynie w postawie służby – a pomoc innych przyjmować tylko wtedy, gdy jest to akt służby. W ten sposób będziemy mieć pewność, że nie jesteśmy zobowiązani wobec pomocnika, ani pomocnik nie jest zobowiązany wobec nas. Obie strony są wówczas wolne, nieobciążone koniecznością dawania czegoś w zamian.

Kreowanie samowytwarzającej się karmy

Ego to nasz „wbudowany" system kreowania samowytwarzającej się karmy. Funkcjonując w środowisku fizycznym musimy być świadomi istnienia ego oraz strzec się jego sposobów generowania karmy. Dotyczy to także pracy z innymi istotami wcielonymi.

Nasze ego wytworzyło się w ramach procesu inkarnacji. Jest ono stanem przejściowym, który zanika wraz z końcem danego wcielenia. Jako takie ego czyni wszystko, co może, aby przedłużyć swoje istnienie – choć nie zdaje sobie sprawy, że ostatecznie nie jest w stanie zapobiec swojej zagładzie. Trwając w tej niewiedzy przedłuża swoje istnienie zwodząc nas ku fałszywemu poczuciu niewinności. To poczucie sprawia, że negujemy samo istnienie ego oraz że pociągają nas materialistyczne myśli, działania i nawyki – czyli wszystko to, co poprzez rozmaite fałsze zapewnia nam dobre samopoczucie odnośnie do naszego ja. Powinniśmy być czujni i odnotowywać sobie warunki, w których dopisuje nam samopoczucie – po to, aby nie dać się zwieść naszemu ego.

Niektóre z tych warunków to zajmowane stanowisko, pozycja społeczna, wygląd zewnętrzny, posiadane rzeczy, wpływ na inne osoby, wiarygodność. Oczywiście część z tego osiągamy również wtedy, gdy wiedziemy świadome karmy dobre życie – jednak tylko o tyle, o ile dochodzi do tego poza sferą wpływu ego i kiedy przyjmujemy te dary z pokorą.

Trwanie w lęku

Bez wątpienia lęk jest emocją o niskiej częstotliwości. Możemy bać się czegoś nie dostrzegając swojego lęku – ani nawet tego, że owo uczucie jest samo w sobie niskoczęstotliwościowe.

Podczas inkarnacji często skupiamy się na tym, co jest związane z naszą egzystencją fizyczną. Nie pamiętamy, że jesteśmy istotami energetycznymi o bardzo wysokiej częstotliwości, które we formy fizyczne wcielają się chwilowo, w celach ewolucyjnych.

Kiedy pochłania nas strach, z natury rzeczy pociągają nas niskie częstotliwości. Oznacza to, że nasz ewolucyjny postęp jest wstrzymany do chwili, gdy rozpoznamy, a następnie usuniemy nasze przywiązanie do strachu i jego niskoczęstotliwościowej energii. Możemy to osiągnąć jedynie poprzez systematyczną medytację nakierowaną na uzyskanie pełnej i bezpośredniej komunii z naszym Stwórcą. To pozwoli nam rozpoznać naszą boskość, jedność ze Stwórcą i, w konsekwencji, naszą nieskończoną długowieczność czy też nieśmiertelność właściwą zindywidualizowanym cząstkom naszego Boga Stworzyciela.

Generowanie karmy jako konsekwencja nudy

Z perspektywy ewolucyjnej tworzenie samogenerującej się karmy jest jak strzał we własną stopę. W istocie karma tego rodzaju dotyczy wszystkiego, co zostało zidentyfikowane w niniejszym poradniku. Znaczna część naszego karmicznego długu jest skutkiem wciągania nas w różne sytuacje przez innych; przykładem tego może być plotkowanie, poczucie winy, przestępstwo itd. Jednak możemy tworzyć swoją karmę także w totalnej izolacji – zarówno pod względem miejsca pobytu, jak i w aspekcie wzajemnych oddziaływań z innymi osobami.

Samogenerująca się karma jest tworzona w wyniku naszego pociągu ku niskoczęstotliwościowym myślom, czynnościom i nawykom oraz wskutek odurzenia nimi. Dzieje się to wtedy, gdy jesteśmy znudzeni i jest efektem tego, że nasze ego pragnie utrzymać kontrolę nad tak zwanym „świadomym ja". Antidotum polega na tym, aby ów wolny czas, który wywołuje uczucie nudy, przeznaczyć na medytację o prostej treści „jestem" lub też na nawiązanie kontaktu z naszym Bogiem Stworzycielem. To najbardziej produktywny sposób wykorzystania wolnego czasu.

Unikanie presji wobec innych

Przymuszanie ma miejsce wtedy, gdy namawiamy innych do tego, aby nam się wysługiwali – zamiast osobiście robić to, co do nas należy. Jeżeli mamy unikać karmy, to za wszelką cenę powinniśmy od tej praktyki stronić. Z uwagi na fakt, iż tego rodzaju perswazję opieramy na przekonujących dowodach – po to, aby zmienić kierunek procesów myślowych danej osoby – przymus jest podstępem. Przymuszający używa go po to, aby uzyskać spełnienie swoich żądań w sposób przebiegły (na przykład poprzez groźby, które odnoszą się do samego przymuszanego, do jego działalności gospodarczej, do jego pozycji społecznej lub rodziny). Może też wykorzystywać dług wdzięczności.

Aby unikać karmy związanej ze stosowaniem przymusu, musimy obserwować nasze metody negocjacji w sytuacjach, które negocjowania wymagają. Musimy się upewnić, że stosujemy wtedy jedynie czyste myśli i prawdziwe dowody – a nie perswazję czy przymuszanie bazujące na naszej osobowości lub zajmowanym stanowisku.

Jeśli ktoś prosi o przysługę lub gdy widzimy, że przysługa jest mu potrzebna, powinniśmy wyświadczyć ją swobodnie, w duchu służby, nie czyniąc z niej narzędzia presji czy przymusu.

Przerzucanie winy na innych

Jeżeli przerzucamy winę na innych po to, aby ukryć nasze niedociągnięcia, wypieramy się naszych działań oraz ich skutków. Co więcej, jeżeli przyjmujemy wyrazy uznania za odniesiony sukces, a jednocześnie przypisujemy winę komuś innemu – bez względu na to, czy osoba ta jest lub nie jest za coś odpowiedzialna – to wyzyskujemy tego kogoś w sposób wyjątkowo cyniczny i rażący.

Jeżeli więc selekcjonujemy tak zwane efekty pożądane, a niepożądane pomijamy (zaś ich skutkami obarczamy tych, którzy być może nie mogą obronić się sami), postępujemy skrajnie nieodpowiedzialnie. Tracimy okazję do wyciągnięcia nauki z tego doświadczenia oraz do ewolucji.

Zrzucanie winy na innych jest mieczem obosiecznym. Nie tylko przysparza karmy, ale też zaprzepaszcza szansę na ewolucyjny postęp.

Wykorzystywanie innych dla własnej korzyści

Wykorzystywanie innych dla własnej korzyści (co stanowi rodzaj przymusu) jest wyjątkowo efektywnym sposobem gromadzenia karmy. Można się od tego uzależnić, szczególnie wtedy, gdy z powodzeniem wykorzystujemy konkretną osobę i łatwo uzyskujemy dzięki niej to, czego pragniemy. Kiedy odnosimy coraz to większe sukcesy w wykorzystywaniu innych, owo niskoczęstotliwościowe zachowanie utrwala się i wzmaga. A im większa pewność siebie, tym więcej tego rodzaju uczynków – i tym większy pociąg ku owemu procederowi i jego niskim częstotliwościom. Więcej nawet, narastająca pewność siebie (wynikająca z oczekiwanych sukcesów) oraz rosnące umiejętności omotania innych nasilają pokusę, aby wyzyskiwać ludzi stale – do tego stopnia, że w końcu staje się to zachowaniem dla danego osobnika normalnym.

W tym przypadku remedium jest cudownie proste. Powinniśmy sami robić to, do zrobienia czego moglibyśmy skłonić innych. Zysk jest wtedy wynikiem naszej własnej, wytężonej pracy i usprawiedliwia wszelką wiążącą się z tym satysfakcję, przyjemności i pochwały – bo nie uzyskaliśmy ich na plecach innych osób.

77

Popełnianie przestępstw

Każde przestępstwo tworzy karmę. Jeżeli wiemy, co w rozumieniu prawa jest słuszne, a co niesłuszne i decydujemy się to prawo złamać – tworzymy karmę.

W wielu środowiskach zajmujących się duchowością uznaje się prawdę, że nie ma dobra, ani zła, ani tego, co pozytywne, ani tego, co negatywne – że jest tylko doświadczenie. Jednak mądry jest ten wcielony, który wie, że istnieją pewne ścieżki, którymi powinniśmy kroczyć, aby zmaksymalizować nasze szanse ewolucyjne podczas pobytu pośród niższych częstotliwości wszechświata, na planie ziemskim. Jako istoty wcielone musimy zdawać sobie sprawę, że istnieje potrzeba zmniejszenia liczby inkarnacji niezbędnych do tego, abyśmy wznieśli się ponad potrzebę ewolucji opartej na wcielaniu się.

W tym kontekście popełnienie przestępstwa jest nie tylko skutecznym sposobem wykreowania karmy. To także efektywny sposób na ograniczenie lub nawet zatrzymanie naszego ewolucyjnego wzrostu. A to już samo w sobie jest przestępstwem – czynem podtrzymującym istnienie karmy.

Krzywdzenie fizyczne

Fizyczna krzywda wyrządzana świadomie i z premedytacją naszemu ludzkiemu wehikułowi wcieleniowemu jest zbezczeszczeniem świątyni, którą zamieszkujemy (aczkolwiek to zamieszkanie ma charakter czasowy).

Fizyczna krzywda świadomie i z premedytacją wyrządzana innemu ludzkiemu wehikułowi wcieleniowemu nie jest zachowaniem osoby ewolucyjnie zaawansowanej. Sprowadza olbrzymią karmę i przywiązanie do niskiej częstotliwości – szczególnie wtedy, gdy krzywdzenie sprawia przyjemność.

Oczywiście kiedy podejmujemy się pracy doświadczeniowej jako wcieleni, mogą nam się przydarzyć – i przydarzają – różne wypadki. Jest to akceptowane, ponieważ stanowi „treść doświadczeniową", naukę i, w konsekwencji, aspekt ewolucyjny doświadczenia wynikający z przypadkowego uszkodzenia naszego ludzkiego wehikułu (ostatecznie więc jest to część naszego planu życia).

Akceptowalne jest również celowe uszkodzenie wehikułu inkarnacyjnego po to, aby przedłużyć jego egzystencję jako całości. Przykładem jest tu amputacja lub inny zabieg chirurgiczny. Przyczyny takich działań są jasne i zrozumiałe jako część planu życia.

Jeśli chodzi o karmę, środkiem zapobiegawczym w każdym z tych przypadków jest szanowanie, „prawidłowa obsługa" i sprawowanie opieki nad ludzkim wehikułem. A także uznawanie jego prawdziwej wartości i znaczenia, świadomość tego, jak ważna jest jego długowieczność. W ten sposób szanujemy także wehikuły innych osób, a jednocześnie honorujemy fakt, że zamieszkujące je dusze potrzebują ewolucyjnego wzrostu.

Krzywdzenie ciał zwierząt

Tak jak w przypadku wcieleniowego wehikułu człowieka, świadome i przemyślane krzywdzenie zwierzęcego wehikułu inkarnacyjnego nie jest zachowaniem osoby zaawansowanej ewolucyjnie. Przyciąga ogromną karmę i wiąże z niskimi częstotliwościami. Ma to miejsce szczególnie wtedy, gdy akt krzywdzenia sprawia przyjemność.

Powinniśmy mieć świadomość, że duchy, które inkarnują jako zwierzęta, są na tym poziomie częstotliwości wyjątkowymi darami dla nas. Zapewniają nam tak potrzebne towarzystwo i bezwarunkową miłość.

Choć nie takie same energetycznie jak ci, którzy wcielają się w wehikuły ludzkie, dusze zwierzęce także wspinają się po drabinie ewolucyjnej i w tym aspekcie odpowiadają pozytywnie na ludzką przyjaźń, troskę i dobry nastrój. One także są zindywidualizowanymi częściami naszej Istoty Źródła, naszego Boga.

Zwierzęta często biorą na siebie znaczne ciężary, które niesiemy w ramach naszych codziennych zmagań o przeżycie we wszechświecie fizycznym. Obejmuje to także fakt, iż stanowią zasadniczy element naszej ekosfery. Jako taki zwierzęcy wehikuł inkarnacyjny musi być szanowany. Trzeba o niego dbać w taki sam sposób, w jaki my dbamy o nasze ludzkie wehikuły wcieleniowe.

W tym zakresie unikamy gromadzenia energii niskoczęstotliwościowej wtedy, gdy uznajemy prawdziwą naturę zwierząt jako istot stanowiących jedno z Bogiem – a wobec tego stworzonych jako równe z naszymi energetycznymi ja. W istocie jednak podczas wcielenia mają one wyższy poziom czystości. Dzieje się tak, bo są w pełni świadome, że w większości przypadków ich ewolucyjny postęp zależy od dobrej woli wcielonej ludzkości. Ten poziom czystości to coś, do czego wcieleni ludzie powinni aspirować.

Krzywdzenie roślin

Fizyczna krzywda świadomie i z premedytacją wyrządzana drzewu, innej roślinie lub warzywu jest aktem przemocy przeciwko aspektowi naszego środowiska fizycznego, przeciwko aspektowi przyrody – a wobec tego również przeciwko naszemu Stworzycielowi, Istocie Źródłu. Zatem dopuszczanie się przemocy związanej z florą tworzy związaną z florą karmę.

Jakkolwiek postrzegane przez ludzkość jako niższa forma życia, królestwo roślin jest niezmiernie ważne (tak z perspektywy ściśle fizycznej, jak i energetycznej) jeśli chodzi o podtrzymywanie środowiska, w którym może żyć ludzka forma fizyczna.

Oczywiście jesteśmy upoważnieni, aby korzystać z przyrody, aby dzięki niej żywić się, ubierać i zapewniać sobie schronienie. Jest to akceptowane jako warunek naszego dobrostanu. Karmę związaną z florą zaciągamy wtedy, gdy nadużywamy tego prawa z powodu chciwości osobistej, chciwości jakiegoś przedsiębiorstwa albo wskutek innego błędnie ukierunkowanego pragnienia–niszcząc lub zaniedbując te aspekty przyrody, które służą nam do podtrzymywania istnienia naszych wehikułów wcieleniowych.

Pozbycie się karmy związanej z florą jest równie ważne, co wyzwolenie z karmy gromadzonej na inne sposoby – ponieważ w każdym z tych przypadków są one funkcjami postępowania niskoczęstotliwościowego.

Remedium polega tu na tym, aby trwać w radości, jaką daje nam otaczająca nas roślinność. Musimy się nią opiekować, dbać o nią, zaspokajać jej potrzeby. A przy tym zdawać sobie sprawę z tego, w jaki sposób możemy zmaksymalizować ewolucyjny potencjał przyrody – ponieważ może ona ewoluować i rzeczywiście ewoluuje wtedy, gdy żyjemy w harmonii z nią.

Marnowanie zasobów naturalnych

Minerały, których używamy do wytworzenia metali, ceramiki, paliw i innych materiałów, są darem Ziemi dla nas. Ziemia w swojej świadomości uznaje, że należące do nas wehikuły inkarnacyjne są naszymi narzędziami, że wykorzystujemy je do przyspieszenia naszej ewolucji. Dlatego wspiera nas w naszych działaniach swoimi minerałami – zakładając, że używamy ich do egzystencji wysokoczęstotliwościowej, powodującej przyrost treści ewolucyjnej.

Kiedy nadużywamy tego daru poprzez nieodpowiednie techniki wykopywania, wydobywania i rafinacji – po to, aby zaspokoić chciwość przedsiębiorstw i poszczególnych osób – Ziemia cierpi, a my gromadzimy związaną z nią karmę.

Nieodpowiednie pozyskiwanie minerałów powoduje nierównowagę ekosfery. Wpływa to na stabilność skorupy ziemskiej oraz na jej właściwości magnetyczne, a także na atmosferę i systemy pogodowe. Powiększa to nierównowagę, a ostatecznie wywiera niekorzystny wpływ na zdolność wcielonego rodzaju ludzkiego do pracy z Ziemią oraz do przyciągania treści ewolucyjnej.

Kiedy zdajemy sobie sprawę, że Ziemia jest naszym dobroczyńcą i pracujemy z nią w sposób harmonijny, wysokoczęstotliwościowy, pomagamy zmaksymalizować jej treść ewolucyjną, a w rezultacie usunąć karmiczne więzi, które nas z nią łączą.

Porównywanie

Kiedy dokonujemy jakichkolwiek porównań, powoduje to nasze niezadowolenie. Prowadzi ono do dalszych porównań, których rezultatem jest łagodna depresja. Karmi się ona dalszymi porównaniami wywołanymi niezadowoleniem – i tak tworzy się zstępująca, spiralna, zapętlona ścieżka wiodąca do poważnej depresji. Wykryć w sobie taką zstępującą spiralę jest skrajnie trudno. Jeszcze trudniej ten mechanizm odwrócić.

Jednak porównywanie można wykorzystać także do tego, aby ów stan usunąć, a nawet mu zapobiec – o ile porównujemy w sposób właściwy, jako uważni obserwatorzy. Jeżeli czynimy to poprawnie, porównania odnoszące się do tego, kim jesteśmy teraz, a nie kim byliśmy kiedyś mogą być duchowo pożyteczne. Dostrzeganie tego, czego my sami dotąd dokonaliśmy i porównywanie nas samych z nami samymi może w jakimś stopniu wywołać uczucie zadowolenia i szczęścia.

Kiedy jesteśmy szczęśliwi i zadowoleni z tego, co osiągnęliśmy, pojawia się w nas ciepły blask–rozświetlający ciemność i podwyższający nasze częstotliwości. Powstaje w ten sposób spiralna pętla oświecenia i nawracającego wznoszenia się ku wyższym częstotliwościom.

Narzekanie – forma intoksykacji niskimi częstotliwościami

Narzekanie na zajmowane przez nas stanowisko lub pozycję społeczną, na sytuację, w której się znajdujemy, na brak zdrowia, zdolności i czyjejś pomocnej dłoni, lub nawet na to, że w naszym odczuciu ktoś potraktował nas niesprawiedliwie – to funkcja zatrucia niskimi częstotliwościami.

Intoksykacja tymi częstotliwościami jest funkcją karmy. Powoduje tak wielkie zaabsorbowanie naszą egzystencją fizyczną, że zapominamy, iż jesteśmy tu, aby doświadczać, uczyć się i ewoluować. Sprawia, iż zapominamy, że owa ziemska egzystencja jest iluzją, w najlepszym razie BARDZO krótkotrwałą.

Inkarnujemy tutaj, aby doświadczyć niskoczęstotliwościowych myśli i uczuć oraz aby nauczyć się nad nimi zwyciężać – i w ten sposób ewoluować.

Kiedy zaczniemy korzystać z bardzo użytecznego narzędzia, jakim jest „obserwujące ja", będziemy w stanie wcześnie zidentyfikować tego rodzaju myśli oraz rozpoznać ich istotę – a więc to, że są oznakami zatrucia niskimi częstotliwościami. Kiedy to uznamy, będziemy mogli przezwyciężyć niskoczęstotliwościowe przeciwności.

Potrzeba kontrolowania

Kontrolowanie sytuacji jest jak konszachty z fałszywym przyjacielem. Jakkolwiek posiadanie kontroli jest użyteczne w sytuacjach, które wymagają tejże kontroli nad nami samymi lub nad innymi (jak w sytuacjach kryzysowych lub w przypadku nagłego wypadku), to poza tym kontekstem nieodpowiednie kontrolowanie siebie albo innych osób jest czymś szkodliwym.

Kiedy niepotrzebnie kontrolujemy siebie samych w ramach naszej codziennej egzystencji, ryzykujemy brak tych spontanicznych reakcji, które umożliwiają zaistnienie w naszym życiu niespodziewanych sposobności do doświadczenia czegoś nowego. Tego rodzaju okazje to zwykle okoliczności stwarzane przez naszych duchowych przewodników i pomocników – wtedy, kiedy potrzebna nam odmiana lub kiedy to my powinniśmy się zmienić. Nazywa się to „płynięciem z prądem" i nie może nastąpić wtedy, gdy wykazujemy zbytnią samokontrolę lub kiedy odczuwamy potrzebę kontrolowania sytuacji. W takim przypadku owa samokontrola ogranicza naszą umiejętność uzyskania dostępu do wysokoczęstotliwościowych informacji i utrzymuje nas w częstotliwościach niskich – co jest funkcją karmy.

Kiedy kontrolujemy inne osoby, jesteśmy kuszeni, aby wykorzystać je na naszą korzyść, a nie z pożytkiem dla nich. Mimo, że kontrolując innych czujemy się usprawiedliwieni lub nawet zachwyceni czy radośni, to właśnie uczucie usprawiedliwienia lub radości jest tym aspektem, który zdradza nam, że kontrola jest fałszywym przyjacielem – bo przecież nie powinniśmy się cieszyć lub usprawiedliwiać tego, że kontrolujemy innych.

Porównywanie i kontrastowanie

Kontrastowanie jest mało znaną i przeważnie ignorowaną funkcją porównywania. Kiedy porównujemy i kontrastujemy naszą sytuację w stosunku do sytuacji, w jakich znajdują się inne osoby, osądzamy różnice i wyciągamy wnioski dotyczące akceptowalności owych różnic. Czynimy tak w świetle naszego nowoprzyjętego „standardu" – czyli sytuacji dla nas potencjalnie lepszej, choć w rzeczywistości wcale nie musi ona taką być.

Możemy jednak użyć kontrastowania, aby ustalić jak pomóc osobom mniej zaradnym. Zyskamy wtedy możliwość przekształcenia okazji do nagromadzenia karmy niskoczęstotliwościowej w sposobność do zyskania karmy o wysokich częstotliwościach (karmy pozytywnej) oraz odnoszącej się do niej treści ewolucyjnej. Ma to zastosowanie szczególnie w sytuacji, kiedy ustalamy w czym możemy pomóc grupie osób, których warunki życia są – w kontraście do naszych – mizerne.

W tej sytuacji aktywujemy treść ewolucyjną, której sprzyja nasza postawa służby – zamiast ześlizgiwać się po śliskim „częstotliwościowym zboczu" niezadowolenia z naszej bieżącej sytuacji skontrastowanej z jakimś wyższym standardem (takim, który może jest, a może nie jest dla nas odpowiedni).

Przyciąganie pozytywnej karmy poprzez radość

Doświadczanie radości w naszym życiu wcielonym to dotykanie głównego nerwu egzystencji wysokoczęstotliwościowej.

Kiedy się cieszymy, doznajemy wewnętrznego pocieszenia. Kiedy trwamy w radości, jesteśmy zestrojeni ze wszystkimi rzeczami i wszystkie rzeczy są zestrojone z nami. To uczucie jest oznaką, że doświadczamy wysokich częstotliwości ducha jeszcze w trakcie inkarnacji.

To ważne, abyśmy próbowali trzymać się sytuacji, w których doznajemy radości; abyśmy je zapamiętywali, a następnie zabierali to uczucie ze sobą wszędzie, gdziekolwiek się udajemy. W myślach „nabudowujemy" na tych okolicznościach kolejne sytuacje, w których się kiedyś radowaliśmy. W ten sposób tworzymy kompletny obraz radości i tego, co nas raduje.

Kiedy znamy i poszukujemy tego, co przynosi nam radość i gdy nieustannie trwamy w stanie radości, automatycznie podnosimy nasze częstotliwości bazowe. Pozwala nam to doświadczyć nowej radości, zawsze nowej radości, ilekroć z czegoś się cieszymy.

Kiedy doświadczamycoraz wyższych i wyższych częstotliwości, niwelujemy wpływ częstotliwości niskich – bez względu na to, jak bardzo starają się one ściągnąć nas w dół. Tą drogą stajemy się bliżsi Stwórcy i doświadczamy najwyższej radości, jaką jest jedność z Bogiem.

Stan szczęśliwości

Uczucie szczęścia jest pochodną radości, widzialnym przejawem radosnej egzystencji, radosnego sposobu bycia i myślenia.

Stan osobistego szczęścia to długookresowy efekt trwania w radości. Wypełnia czas między kolejnymi radosnymi doświadczeniami. Cykl „radość – szczęście – radość – szczęście" jest ogromnie skutecznym sposobem podwyższenia naszych częstotliwości. Szczególnie wtedy, gdy doświadczenie radości owocujące stanem szczęścia jest rezultatem aktywności duchowej.

W ten sposób możemy przyspieszyć gromadzenie naszej treści ewolucyjnej, a jednocześnie cieszyć się tym procesem i być szczęśliwym z jego wyniku, z jego trwałych efektów.

Krótko mówiąc, kiedy cykl „radość – szczęście – radość – szczęście" jest już w pełni ustanowiony, potrafimy przeżywać coraz to nowe radości i coraz to nowe okresy szczęścia bez utraty (choćby chwilowej) częstotliwości, która jest związana z tymi stanami. W ten sposób możemy podwyższyć i faktycznie podwyższamy nasze częstotliwości bazowe – dostępując przy tym Wzniesienia.

Trwanie w prawdziwej miłości

Miłość jest prawdziwym antidotum na wszelkie wpływy karmiczne. Kiedy trwamy w miłości, między nami a wszystkimi innymi i wszystkim innym istnieje pokój i harmonia.

Nie jest to miłość w znaczeniu ludzkim, ale duchowym czy też energetycznym. Miłość ludzka opiera się na szeroko rozumianej atrakcyjności właściwej dla sfery fizycznej, podczas gdy miłość duchowa (energetyczna) bazuje na rozumieniu i pełnym docenianiu wzajemnej łączności między wszystkim, co istnieje.

Kiedy doświadczamy tej prawdziwej miłości, rozumiemy ukryte powody wszystkiego, co dzieje się wokół nas. Cokolwiek dzieje się za sprawą kogokolwiek lub czegokolwiek, ma to swój sens i cel. Kiedy to rozumiemy i uznajemy, nawet tak zwane złe uczynki postrzegamy jako coś, co ma pewien wyższy cel. A jest nim nasza potrzeba doświadczania, uczenia się dzięki doświadczeniom oraz, w konsekwencji, gromadzenia treści ewolucyjnej.

Ponadto trwanie w prawdziwej miłości umożliwia nam pełne zrozumienie procesu, jakim jest egzystencja we wcieleniu. Pozwala nam dostrzec piękno we wszystkim i we wszystkich, przebaczać złe czyny jeszcze zanim zostaną popełnione i nie mieć żadnych wrogów. Dopiero wtedy zdajemy sobie sprawę, że wszyscy razem jesteśmy istotami wcielonymi dążącymi do ewolucji na swoje własne sposoby, oraz że wszystko jest zgodne z boskim porządkiem.

Kiedy trwamy w prawdziwej miłości, nie chowamy do nikogo urazy, nie robimy niczego, co przyciąga niskie częstotliwości, pomagamy wszystkiemu i wszystkim w każdych okolicznościach. W ten sposób nie ściągamy na siebie karmy.

Samobójstwo

Samobójstwo to sposób na zyskanie natychmiastowej, ogromnej karmy. Dzieje się to na dwa sposoby.

Po pierwsze, poprzez śmiertelne zbezczeszczenie daru, jakim jest wehikuł fizyczny – ponieważ ich dostępność jest niewielka w porównaniu z olbrzymią liczbą istot energetycznych proszących o możliwość egzystencji wcielonej.

Po drugie, nie w wyniku samego aktu samobójstwa, lecz poprzez związek z niższymi częstotliwościami, które spowodowały pragnienie jego popełnienia.

W skrócie, ów pierwszy sposób zaciągnięcia karmy związanej z samobójstwem jest wynikiem uzyskania jej w drugi sposób.

Rozpoznawanie karmy natychmiastowej

Jeżeli przysparzamy innej osobie jakiegokolwiek cierpienia, a następnie otrzymujemy z powrotem to, co tej osobie uczyniliśmy (albo kiedy wraca to do nas dzięki innej osobie), to jest to przykład „karmy natychmiastowej" lub „boskiej odpłaty".

Otrzymanie karmy natychmiastowej może być pomocne z dwu powodów: 1) czyn ściągający taką karmę nie powoduje związania karmicznym cyklem, ponieważ w odpowiedzi na naszą akcję doświadczamy równej reakcji; 2) możemy uczyć się na naszych błędach i szybko je korygować – jeżeli jesteśmy dostatecznie pilnymi obserwatorami i dostrzeżemy, że dana sytuacja jest funkcją czy też wynikiem karmy natychmiastowej.

Tego rodzaju karma, określana także mianem boskiej odpłaty, pojawia się również wtedy, gdy mamy do czynienia z mechanizmem niedostrzegalnym dla następujących osób: dla sprawcy czyjegoś cierpienia, dla jego ofiary oraz dla osoby trzeciej, która zadaje cierpienie obecnej ofierze dlatego, że jest to osoba, która w poprzednim wcieleniu była sprawcą cierpień swojego obecnego krzywdziciela. W takiej sytuacji owa osoba trzecia ma ukrytą możliwość uregulowania sprawy uprzedniej i podobnej karmy osoby pierwszej (czyli sprawcy), możliwość zlikwidowania opisanej tu więzi karmicznej.

Jak w przypadku każdego naszego działania podejmowanego w trakcie inkarnacji, opiera się to na znacznym zakulisowym wysiłku logistycznym naszych duchowych przewodników i pomocników. Wykonują oni ciężką pracę, żeby wspomóc nas oraz tych, z którymi się stykamy – po to, abyśmy mogli doświadczać, uczyć się, ewoluować, a jednocześnie usuwać naszą karmę. To rzeczywiście boska metoda likwidacji karmy.

Dobór przyjaciół

Ważne jest, abyśmy wystrzegali się fałszywych przyjaciół. Czyli tych, którzy wiodą nas ku niskoczęstotliwościowym przyjemnościom – takim jak doznania fizyczne, plotkowanie czy jakakolwiek inna forma materializmu. Jedyne, co im zawdzięczamy, to większe uzależnienie od egzystencji w niskich częstotliwościach.

Prawdziwym przyjacielem jest ten, kto pracuje nad duchowym postępem i unika wszystkiego, co nie prowadzi do tego celu.

Prawdziwym przyjacielem jest ten, kto szuka bardzo prostych przyjemności dostępnych podczas istnienia we wcieleniu – tych, które uzyskuje się dzięki właściwemu sposobowi życia oraz dzięki medytacji nad wyższą rzeczywistością. Natomiast nie szuka on natychmiastowej gratyfikacji oferowanej przez sferę fizyczności i żądanej przez tę sferę od innych.

Unikanie przywiązań

Przywiązanie w rozumieniu ludzkim – to znaczy przywiązanie do innej osoby – jest bardzo efektywnym sposobem, aby tkwić w egzystencji niskoczęstotliwościowej. W takim przypadku przywiązanie nie jest miłością, ale potrzebą przebywania w pobliżu lub w obecności danej osoby oraz jej fizyczności.

Dlatego przywiązanie jest postacią materializmu. Ponieważ jednak odnosi się do potrzeby obecności jakiejś osoby, niełatwo ów materializm rozpoznać.

Przywiązanie wywiera wpływ zarówno na jego inicjatora, jak i na jego obiekt – ponieważ wynika z energetycznej więzi między nimi. Przetrzymuje inicjatora i obiekt w uzależnieniu od częstotliwości właściwych dla fizyczności obu tych osób. Jest to funkcja karmiczna, powstrzymująca inicjatora oraz obiekt przywiązania przed wznoszeniem się ku wyższym częstotliwościom i, w konsekwencji, tworząca karmiczny cykl.

Oczywiście podczas naszej inkarnacji tworzymy przywiązania do osób, które kochamy. Nie powinniśmy jednak trwać w tych przywiązaniach, kiedy wspomniane osoby stopniowo kończą swoje wcielenia, ponieważ przytrzymuje to w niskich częstotliwości zarówno inicjatora, jak i obiekt przywiązania.

Swoje opuszczenie sfery fizyczności planujemy w taki sposób, aby maksymalnie wykorzystać je do zdobycia doświadczenia i do ewolucji, którą przechodzimy w znanych nam ramach czasowych

94

danej inkarnacji. Niestety, może się to nie spodobać komuś, kto zainicjował czy też stworzył określone przywiązanie. W takim przypadku trzeba zaakceptować fakt, że osoba inkarnująca wybiera metodę opuszczenia sfery fizyczności jeszcze przed swoim wcieleniem i że wobec tego należy ów wybór uszanować. Jest to moment, w którym trzeba przesłać odchodzącym prawdziwą, wolną od przywiązań miłość – wiedząc, że jeśli nie łączy nas z nimi przywiązanie (lub jeśli aktywnie je usuwamy), pomagamy im w ewolucji i nie zatrzymujemy ich w niższych częstotliwościach sfery fizycznej.

Trwanie w boskiej miłości

Miłosne zauroczenie jest znacząco silniejszą formą przywiązania. Jest to całkowite zaabsorbowanie fizycznością, doczesnością kogoś innego – aż po prawie doskonałe zatracenie się w tym. W tej sytuacji zaniedbujemy działania, za które jesteśmy odpowiedzialni, szczególnie w obecności fizycznej obiektu naszego zauroczenia.

Miłosne zauroczenie może występować i często występuje w przebraniu miłości. Czujemy wtedy, że kochamy, a nie że jesteśmy zauroczeni – i dlatego nie dostrzegamy niszczycielskich skutków tego zauroczenia. Jedyne antidotum polega na tym, aby we wszystkim i przede wszystkim trwać w boskiej, a nie ludzkiej miłości. Czyniąc tak wznosimy się ponad powaby życia w sferze fizycznej i usuwamy możliwość przyciągnięcia karmy.

Ani przywiązanie, ani miłosne zauroczenie nie ostoją się, kiedy trwamy w boskiej miłości – bo jesteśmy wówczas dostrojeni do wszystkiego i wszystko jest dostrojone do nas. Kiedy trwamy w boskiej miłości, uświadamiamy sobie przejściowość sfery fizycznej ze wszystkimi jej atrakcjami i uzależnieniami, więc tego rodzaju niskoczęstotliwościowe przynęty nie mają na nas wpływu.

Zdystansowanie

Jeśli chodzi o przyciąganie niskich częstotliwości, postawa zdystansowania może być zarówno pomocą, jak i przeszkodą.

Jeżeliwynikujakiegośzakłóceniaświadomościzaczniemymyśleć,żep rymitywny,widzialnyświat fizyczny jest wszystkim, co istnieje i zdystansujemy się od egzystencji wysokoczęstotliwościowej–to popadniemy w pułapkę uległości środowisku fizycznemu i jego bodźcom. Ten niekorzystny proces, to skupianie się na wszelkiego rodzaju materializmie prowadzi do poznawczej ślepoty.

Natomiast jeżeli dystansujemy się od regularnych niskoczęstotliwościowych rozkojarzeń, które niesie ze sobą widzialny świat fizyczny, możemy wieść życie wcielone utrzymując się w wysokich częstotliwościach. Wzrastamy poprzez doświadczanie tych rozproszeń, rozpoznawanie ich, uczenie się na nich oraz poprzez odpowiednie na nie reagowanie. Ewoluujemy w wyniku ich przemijającego wpływu. Choć ów wpływ ma charakter przejściowy, w tym przypadku jest dla nas korzystny, ponieważ rozpoznajemy czym on jest w istocie: funkcją egzystencji w niskich częstotliwościach. Dla nas jako istot wcielonych jest to okazja, aby rozeznać to, co na nas wpływa. Kiedy widzimy, czujemy i znamy powód istnienia danego czynnika i wobec tego wybieramy właściwą ścieżkę, eliminujemy jego wpływ oraz przekształcamy go w karmę pozytywną, pozwalającą nam wznosić się ku wyższym częstotliwościom.

Odczuwanie boskiej miłości

Boska miłość otacza nas zewsząd. Przenika multiwersum i dlatego jest również częścią nas, naszego istnienia.

Jednak skoro tak jest, to dlaczego owa miłość nie jest odczuwana przez cały czas przez wszystkich i przez wszystko?

Przyczyną, dla której nie jesteśmy w stanie czuć boskiej miłości, jest zanurzenie w naszą codzienną egzystencję w obrębie prymitywnej fizyczności.

Jesteśmy tu po to, aby doświadczyć najdrobniejszych szczegółów życia wcielonego. Jednak często są one dla nas przyczyną znacznego rozkojarzenia. Kiedy regularnie dajemy sobie wytchnienie od naszych codziennych obowiązków i poświęcamy czas na medytację oraz na docenienie wszystkiego, co nas otacza – możemy podłączyć się do energii, które stanowią fundament widzialnego wszechświata fizycznego, a wobec tego również multiwersum. Energie te zostały wykorzystane przez Źródło do stworzenia wielowszechświata poprzez oddanie na ten cel części Jego samego. Źródło jest boską miłością, kocha wszystkich i wszystko, co stworzyło. Stanowimy jedno ze Źródłem, a Źródło stanowi jedno z nami. JESTEŚMY ŹRÓDŁEM, i dlatego trwamy w miłości, w boskiej miłości, przez cały czas.

Jedno, co musimy zrobić, to uznać to – otwierając nasze serca podczas medytacji i akceptując wszystko, co istnieje. To pozwoli nam widzieć głębiej i nie zatrzymywać się tylko na poziomie fizycznym. Będziemy mogli złączyć się ze wszystkimi i ze wszystkim oraz uznać, że wszyscy jesteśmy jednym – jednością w boskiej miłości.

Uznać boską wiedzę

Kiedy uznajemy boską czy też kosmiczną wiedzę, oddalamy się od nieścisłości, które prezentują się nam w niższych częstotliwościach wszechświata fizycznego. Kiedy opowiadamy się za tym, co boskie, dostrzegamy to, co znajduje się za fasadą fizyczności i widzimy to, czym ona jest w istocie: sposobem doświadczania zaprojektowanym po to, aby przyspieszyć naszą ewolucję poprzez zmaganie się z trudnościami.

Kiedy uznajemy boską wiedzę, możemy mierzyć się ze stojącymi przed nami wyzwaniami – mając pełną świadomość tego, czego doświadczamy, ze zrozumieniem dlaczego doświadczamy tego w tym konkretnym momencie naszego wcielonego istnienia. Pozwala nam to wykorzystać te sytuacje jak najpełniej i eliminuje potrzebę doświadczania tego samego po raz kolejny (jeżeli nie przerobiliśmy danej lekcji już za pierwszym razem).

Aby „sprzymierzyć się" z boską wiedzą potrzeba pilności i bezwzględnego zarezerwowania czasu na medytowanie z otwartym sercem i pustym umysłem. Czyniąc tak pozwalamy wyższej rzeczywistości boskiej wiedzy, aby przezwyciężyła przemijającą „niższą rzeczywistość" osobistego doświadczenia – tą, którą tworzymy sobie podczas inkarnacji.

Możemy „sprzymierzyć się" z boską wiedzą poświęcając się sprawie poznania prawdy i poprzez sposób życia umożliwiający nam otwarcie drzwi do prawdy. To praca na całe życie, ale zadecydowanie warta tego, aby ją wykonać.

Gromadzenie karmy retrospektywnej

Karma retrospektywna polega na tym, że jesteśmy wciągani w dyskusje i spory dotyczące tego, co wydarzyło się w przeszłości czy też w minionych przestrzeniach zdarzeń ("czasach"). Kiedy angażujemy się w gadaninę o tym, co wydarzyło się kiedyś, jesteśmy nie tylko pociągani ku niskoczęstotliwościowym istnieniom osadzonym w konkretnej przestrzeni zdarzeń, ale też ku niskoczęstotliwościowym wydarzeniom, do których dochodziło w poprzednich przestrzeniach zdarzeń – czyli ku wydarzeniom prowadzącym do kolejnego zaistnienia niskich częstotliwości. Skutkiem takiego totalnego zanurzenia w przeszłości jest przypomnienie sobie danego doświadczenia w aspekcie częstotliwościowym.

Tak więc karma narasta na dwa sposoby: poprzez gromadzenie jej na bieżąco oraz poprzez retrospekcje, życie przeszłością.

Istniejemy w przestrzeni zdarzeń, a nie w czasie. Przestrzeń zdarzeń jako taka nie ma granic. Istnieje jednocześnie z innymi przestrzeniami zdarzeń. Dlatego wszystko, co odnosi się do tego, co nazywamy czasem (przeszłość, teraźniejszość, przyszłość) istnieje jednocześnie w różnych „sferach" zdarzeń, w poszczególnych obszarach przestrzeni przenikających multiwersum oraz rzeczywistość poza nim. Ponieważ przestrzeń zdarzeń jest zawsze z nami, łatwo nam gromadzić karmę retrospektywnie – i rzeczywiście, wielu wcielonych tak czyni.

Jedynym środkiem zaradczym jest życie osadzone w chwili obecnej oraz odmowa bycia wciąganym w dyskusje o złych wydarzeniach z przeszłości – lub o złych wydarzeniach, które, z uwagi na obecne trendy, mogą zdarzyć się w przyszłości. W praktyce polega to na podziękowaniu antagonistom i życzeniu im miłego dnia. Następnie szukamy sobie innego, dobrego, duchowo uświadomionego towarzystwa.

Życie w dwuletniej „bańce" czasowej

Jako istoty wcielone żyjemy w dwuletniej sferze czy też „bańce" czasu. Odnosimy się tylko do tego, co wydarzyło się w przestrzeniach zdarzeń w okresie minionych dwunastu miesięcy oraz do tych przestrzeni zdarzeń, których dotyczą nasze plany na najbliższe dwanaście zbliżających się miesięcy.

Egzystując w ten sposób stale narażamy się na podobne lub wciąż te same doświadczenia – chyba, że potrafimy zastosować wiedzę wyniesioną z lekcji, jakich udzieliły nam doświadczenia z przeszłości o zbliżonym charakterze.

Jedynie wtedy, gdy musimy inaczej zogniskować uwagę (z powodu sytuacji takich, jak wypadek, problem zdrowotny czy trudności w pracy), uwzględniamy wydarzenia z innych, związanych z daną sprawą przestrzeni zdarzeń – tych poprzednich, znajdujących się poza dwuletnią „bańką" czasu. Czynimy tak po to, aby łatwiej rozwiązać dany problem lub uruchomić procesy konieczne do skupienia uwagi na innych zagadnieniach. W takich sytuacjach wychodzimy poza bieżącą rzeczywistość fizyczną i ogarniamy umysłem inkluzywną „wyższą rzeczywistość", zawierającą w sobie przeszłość, teraźniejszość i przyszłość. Przy czym wydarzenia przyszłe są dostępne jedynie tym, którzy dysponują już pewną treścią ewolucyjną i wynikającymi z niej podstawowymi aspektamiczęstotliwościowymiumożliwiającymijasnowidzenie,,,jasn osłyszenie",,jasnowiedzę" i tym podobne formy percepcji pozazmysłowej.

Uwzględnianie doświadczeń z przestrzeni zdarzeń będących poza sferą dwu lat jest oczywistą korzyścią, ponieważ w ten sposób możemy dostrzec szanse, aby nie popełnić błędów podobnych do tych, które już kiedyś popełniliśmy – i nie ściągnąć na siebie karmy cyklicznej. Zatem antidotum na ten typ karmy polega na tym, aby egzystować w dwuletniej „bańce" czasu, żyć chwilą obecną (na ile to tylko możliwe), ale też korzystać z lekcji, jakich udzieliły nam wydarzenia mające miejsce poza ową „bańką" (na ile to tylko możliwe). Przyswojenie sobie danej lekcji raz, a następnie stosowanie tej nauki do naszych bieżących doświadczeń jest lepsze, niż powtórne napotykanie jakiegoś doświadczenia i radzenie sobie z nim tak, jakby działo się to po raz pierwszy.

Świadomość uprzednich działań lub reakcji

Karma cykliczna powtarza się w znany, cykliczny sposób wtedy, kiedy nie całkiem przyswoiliśmy sobie konkretną lekcję – nie na tyle dobrze, aby stało się pewne, że w razie ponownego zetknięcia się z daną okolicznością wybierzemy działanie właściwe, działanie kogoś, kto odebrał w tej sprawie odpowiednią edukację. Funkcja karmy cyklicznej jest dwojaka: 1) dostarczać nam podobnych doświadczeń, które przynoszą taki sam karmiczny rezultat wtedy, gdy istota doświadczenia pierwszego (pierwotnego) nie została właściwie rozpoznana, 2) sprawdzać, czy poznaliśmy proces, który doprowadził do powstania danej karmicznej więzi.

Kiedy należycie rozpoznamy istotę procesów skutkujących takimi samymi lub podobnym doświadczeniami, możemydążyćdoodpowiednich reakcji zakażdym razem, gdytedoświadczenia się powtórzą. W ten sposób przełamujemy cykl karmy cyklicznej.

Remedium polega tu na czujności i wyszukiwaniu tego, co się w naszym życiu powtarza oraz na odnotowywaniu sobie jak na to reagujemy. Naszym celem jest unikanie reakcji, które sprawiły, że dana lekcja nie została przyswojona w pełni, a karmiczna więź się powtarza.

Unikanie karmy cyklicznej

Karma w postaci biegnącej ku dołowi spirali to karma powtarzająca się (cykliczna). Skutkuje ona stopniowym, lecz stale narastającym i coraz bardziej dotkliwym pociągiem ku egzystencji niskoczęstotliwościowej. W takiej sytuacji nagromadzona przez nas karma przyciąga tym więcej karmy (niskich częstotliwości), im bardziej ignorujemy powtarzające się okazje do wyciągnięcia nauki z naszych doświadczeń, a zamiast tego aktywnie wybieramy unikanie działań naprawczych, niezbędnych do tego, aby powstrzymać rozwój tych okazji.

Kiedy owa spiralna karma pochwyci nas w swoje szpony, jest rzeczą ekstremalnie trudną – jeśli nie niemożliwą – abyśmy odwrócili ten trend samodzielnie (oczywiście o ile nie jest to częścią naszego planu życia). W takim przypadku powinniśmy przyjąć postawę akceptacji w odniesieniu do obserwacji i komentarzy tych wokół nas, którzy dostrzegają ową dołującą spiralę oraz skorzystać z oferowanej przez nich pomocy. Potrzeba nam do tego pokory – a więc procesu myślowego, o który trudno wtedy, gdy znajdujemy się w środku owej spirali. Potrzeba tu również prawdziwych, wytrwałych przyjaciół, którzy pomogą nam w sytuacji, gdy utkniemy w tego typu karmie. Zetkną się oni bowiem z wieloma sytuacjami oporu i niewdzięczności za udzielaną przez nich pomoc.

Żałoba

Żałoba to istotny element doświadczenia, jakim jest nasza egzystencja w sferze fizycznej. Jednak przesadne pogrążenie się w żałobie może być pułapką fizyczności prowadzącą do karmy.

Żałoba jako taka skupia naszą uwagę na osobistej stracie. Sytuację pogarsza pamięć o mnóstwie wspólnych doświadczeń, które były możliwe dzięki fizycznej obecności osoby zmarłej.

Żal po zmarłym niesie ze sobą wielki smutek. Nie jest on jednak prawdziwym odzwierciedleniem doświadczeń, którymi niegdyś razem się cieszyliśmy. Zaczyna dominować nad wspomnieniami radosnych chwil i zniekształca je.

Jakkolwiek może być to trudne, antidotum polega tu na przekierowaniu uwagi z niedawno doznanej straty na lata radości przeżywanej we fizycznej obecności osoby wcielonej, która teraz porzuciła formę fizyczną i przeniosła się w sferę neutralnych częstotliwości swojego prawdziwego „stałego zamieszkania". Nie powinniśmy trzymać się przeszłości (poprzednich przestrzeni zdarzeń), ponieważ jest to kolejna postać karmy. Zamiast tego mądrzej będzie tęsknie wspominać przygodę, jaką było nasze wspólne życie we wcieleniu i planować następne.

Życie przeszłością

Życie przeszłością to pułapka fizyczności skutkująca gromadzeniem karmy. Prowadzi do porównań, niezadowolenia, negatywnych refleksji i niezdolności do trwania w chwili obecnej. Powinniśmy żyć teraźniejszością, a nie przeszłością – po to, aby wykorzystywać doświadczenia z przeszłości do uzyskiwania prawidłowych reakcji na wyzwania, które stawia przed nami chwila obecna.

Mówienie sobie, że mogliśmy spisać się lepiej (jeśli chodzi o nasze minione działania oparte   o nasz ówczesny stan wiedzy) lub twierdzenie, że kiedyś „sprawy w ogóle" miały się lepiej powoduje tylko niezadowolenie z tego, jak radziliśmy sobie w przeszłości. Tak tworzy się stały reżim refleksji negatywnej.

Działamy i reagujemy w oparciu o nasze doświadczenie oraz umiejętność radzenia sobie z tym, co stawia przed nami życie. Od tego, jak sami określimy charakter danych wydarzeń zależy to, jak sprostamy temu, co nas spotyka – korzystając z narzędzi, jakimi są nasze zdolności oraz zdobyte wcześniej doświadczenie. W tamtych okolicznościach nasze działanie lub reakcja były wszystkim, na co było nas stać. Akceptowanie tego faktu nazywa się „życiem w chwili obecnej". Kiedy już ów fakt uznamy, zniknie potrzeba ciągłego odnoszenia się do przeszłości i zestawiania jej albo z najnowszymi wydarzeniami albo z tym, co dzieje się w chwili obecnej. Wtedy rzeczywiście możemy poruszać się naprzód na ścieżce naszego ewolucyjnego rozwoju – a nie przemieniać to, co dotąd osiągnęliśmy w funkcję karmy (oceniając te dokonania tylko według kryteriów typowych dla sfery fizycznej, doczesnej).

Nie oznacza to jednak, że nie musimy się uczyć na naszych błędach. Rzecz w tym, że kiedy sięgając myślami w przeszłość dostrzeżemy jakiś błąd, nie powinniśmy się z tego powodu „samobiczować".

Wdzięczność

Kiedy okazujemy wdzięczność komuś, kto zrobił dla nas dobry uczynek, to samo w sobie jest to zachętą do kolejnych dobrych uczynków. Możemy wyrazić wdzięczność zarówno wtedy, gdy to my jesteśmy adresatami takiego uczynku, jak i w sytuacji, gdy korzysta na nim ktoś inny. W ten sposób wyrażamy uznanie nie tylko dla samego uczynku i jego wagi, lecz także dla zapobiegliwości osoby, która potrafi dostrzec potrzeby nasze lub innych osób.

Nie możemy jednak okazywać wdzięczności fałszywej. Czyli takiej, która jest zaledwie odnotowaniem danego uczynku – ot, dla samego odnotowania. Ma to charakter tak samo negatywny, jak nieokazanie wdzięczności w ogóle.

Zwykłe, proste docenienie tego, co uczyniono dla nas lub dla innych rozszerza wdzięczność także na sferę tego, co zostało zrobione w sposób bierny. „Wdzięczność pasywna" jest odbierana energetycznie przez sprawcę dobrego uczynku – podobnie jak związana z nią „podprogowa" zachęta do dalszych tego rodzaju czynów.

Dlatego też promowanie dobrych uczynków wdzięcznością działa przyspieszająco. Mamy tu do czynienia z pewną prawidłowością: im więcej zachęty udzielanej poprzez szczerze ofiarowywaną lub otrzymywaną wdzięczność, tym więcej dobrych uczynków. Tą drogą wznosimy się na poziom, na którym owe uczynki stają się dla nas normą – tak, że nie potrzebujemy już uznania za to, że ich dokonujemy. Na tym etapie naszego rozwoju przybieramy postawę prawdziwej służby i unikamy karmy.

Postawa uważności

Uważność w odniesieniu do tego, jak funkcjonujemy w trakcie inkarnacji jest doskonałym narzędziem w naszych zmaganiach z gromadzącą się karmą. Być uważnym oznacza dawać sobie wystarczająco dużo czasu do namysłu nad tym, czym jest nasze środowisko i co się w nim znajduje, jak ono nas kształtuje oraz kto i jak na nas wpływa. A także nad tym, jak możemy sobie skutecznie poradzić z owymi wpływami bez tworzenia jakiegokolwiek niskoczęstotliwościowego przywiązania – ani przejściowego, krótkiego, ani średniookresowego, ani długotrwałego.

Jako uważne istoty wcielone dostrzegamy wszystkie możliwe więzi z niskimi częstotliwościami lub z odpowiedziami i reakcjami generującymi karmę – po to, aby łatwo ich unikać oraz po to, aby w każdej sytuacji maksymalnie wykorzystać związany z nimi potencjał ewolucyjny. Także w przypadku niesprzyjającego środowiska lub niekorzystnych warunków.

Doceniać rzeczywistość dzięki uważności

Docenianie różnych rzeczy i zjawisk dzięki uważności jest bardzo potężnym narzędziem dostrajania się do funkcjonalności wszechświata fizycznego, w którym żyjemy.

Jeżeli jesteśmy uważni na tyle, aby widzieć to, co wykracza poza nasze początkowe doświadczenie, aby zaobserwować piękno interaktywnych właściwości tego, czego doświadczamy – to możemy zaakceptować każde doświadczenie i wszystko to, co ono ze sobą niesie. Będziemy doceniać związane z nim i prezentowane nam szanse ewolucyjne. Powitamy je z otwartymi ramionami. A przez to unikniemy wpływu sił karmicznych.

Obserwowanie szczegółów

Kiedy doceniamy rzeczywistość w taki sposób, że podchodzimy do niej z uważnością, jesteśmy w stanie doświadczyć najdrobniejszych szczegółów egzystencji fizycznej. Na przykład możemy obserwować pracę, dzięki której dostajemy do zjedzenia posiłek. Obserwacja ta może być prowadzona z wielu różnych punktów widzenia. Może to być przyglądanie się albo myśli o zasiewaniu nasion, o wzroście i pielęgnacji danego warzywa, o jego zbiorze, myciu i przygotowywaniu do sprzedaży. Albo o transporcie od rolnika do sklepu, a potem do naszej spiżarni, z naszej spiżarni do kuchni. Albo o tym, co robi kucharz lub szef kuchni, aby owo warzywo trafiło na nasz talerz. Odnotowujemy część lub całość pracy wykonanej po to, abyśmy mogli doświadczyć tego pokarmu, zasmakować go, abyśmy mogli pozyskać z niego energię oraz doznać przyjemności płynącej z owego doenergetyzowania.

Kiedy doceniamy rzeczywistość poprzez uważność, kiedy dostrzegamy wartość pracy, dzięki której jest nam dostarczane to, czego potrzebujemy w codziennych realiach naszego wcielonego istnienia, nie mamy w sobie żadnego nastawienia negatywnego i jesteśmy wdzięczni za to, co otrzymujemy – bez względu na to, co to jest. Przekazujemy innym podziękowania i słowa zachęty. Czyniąc tak promujemy reakcje wysokoczęstotliwościowe i unikamy potencjalnych reakcji niskoczęstotliwościowych związanych z karmą.

Równoważenie naszych doświadczeń

Wszystkie doświadczenia, które klasyfikujemy jako złe lub „suboptymalne" – takie jak strata ukochanej osoby, utrata stanowiska związanego z władzą lub odpowiedzialnością, wypadek drogowy z udziałem naszego pojazdu, otwarta puszka farby przewracająca się na dywan podczas remontu – wynikają z faktu, że w sferze fizycznej otrzymujemy zrównoważony zestaw doświadczeń.

Oczekujemy, że podczas wcielenia cały czas będą nam się przytrafiały rzeczy dobre. Dlatego zwykle skupiamy się na tym, co klasyfikujemy jako dobre lub „optymalne". Ignorujemy zaś to, jak ważne są sytuacje nazywane złymi lub „suboptymalnymi". Jednak to, czy bycie „wewnątrz" doświadczenia nas pochłania jest determinowane tym, jak reagujemy na sytuacje suboptymalne (w porównaniu z naszymi reakcjami na sytuacje optymalne).

Kiedy doświadczamy wydarzeń optymalnych i poświęcamy im bardzo mało uwagi (albo w ogóle)–jesteśmy ich „częścią", ale do nich „nie przynależymy" (chyba, że w danym doświadczeniu optymalnym pewną rolę ma do odegrania ego). Natomiast kiedy doświadczamy zdarzeń suboptymalnych, poświęcamy im wiele uwagi i zaczynamy do nich „przynależeć", zamiast być jedynie ich „częścią". W tym drugim przypadku zapominamy o szerszej perspektywie. Skutkuje to niezamierzonym pociągiem ku niskoczęstotliwościowym reakcjom emocjonalnym na dane zdarzenie, takim jak na przykład rozczarowanie.

Środek zaradczy, który trzeba tu zastosować, wielokrotnie pojawia się na kartach niniejszego poradnika. Mianowicie: trzeba spojrzeć na dane doświadczenie z dystansu i sprawdzić co jest wynikającą z niego lekcją. Musimy dać sobie czas, aby zorientować się jaka jest ścieżka właściwej reakcji. I postawić pytanie: czy przyswoiliśmy sobie tę lekcję i zyskaliśmy treść ewolucyjną przypisaną do owego doświadczenia? Dysponując tą wiedzą, możemy dostrzec piękno danego doświadczenia oraz to, w jak odpowiednim momencie ono przyszło. Aprzez to wznieść się ponad możliwość popadnięcia w pułapkę niskich częstotliwości.

Uśmiech w obliczu przeciwności

Uśmiechanie się w obliczu przeciwności jest doskonałym sposobem na pozostanie w wysokich częstotliwościach podczas inkarnacji. Taka reakcja oznacza, że nie jesteśmy pochłonięci przez niskie częstotliwości niesprzyjającej sytuacji, lecz radujemy się z szansy na uporanie się z jednym lub wieloma wyzwaniami.

Pamięć – klucz do unikania karmy

Pamięć, szczególnie o tym kim i czym jesteśmy oraz dlaczego się tu znajdujemy, jest najlepszym sposobem, aby unikać karmy.

Jako osoby wcielone możemy – poprzez pilne, codzienne medytowanie – ustanowić komunię między nami a wyższą rzeczywistością. W ten sposób zyskujemy pocieszenie, świadomość, że egzystencja we wcieleniu jest jedynie przejściowym elementem całości naszego istnienia, oraz zrozumienie, jaką rolę mamy tu do odegrania. Pozwala nam to wejrzeć głębiej w istotę rzeczywistości. To z kolei umożliwia nam dostęp do niespenetrowanych dotąd poziomów naszej pamięci energetycznej – czyli wejście na wyższy poziom wiedzy i rozumienia (co jest funkcją pamięci).

Zachowywanie tak pojmowanej pamięci sprawia, że wiemy jak optymalnie reagować na wszelkie doświadczenia we wszelkich środowiskach oraz jak z łatwością nawigować wśród odmętów, którymi są sposobności do popadnięcia w przywiązanie do niskich częstotliwości. W ten sposób unikamy karmy.

Przekazane przez Istotę Źródło słowa mądrości dotyczące unikania karmy

Wniniejszym rozdziale zamieściłem kilka mądrości, które w moim odczuciu powinny towarzyszyć zaprezentowanym w tej książce radom odnośnie do tego, jak unikać karmy. Każda z nich została wybrana ze względu na sposób, w jaki uzupełnia dane już tutaj wskazówki – oraz z uwagi na to, że każda z nich ma wielką wartość sama w sobie.

Kiedy Źródło używa słowa „my", oznacza to, że uważa się za jedno z nami wszystkimi – jako nami. Gdy my doświadczamy, Ono doświadcza. Gdy my poznajemy, Ono poznaje. Gdy my ewoluujemy, Ono ewoluuje.

Musimy stać się naszymi własnymi guru. Zanim zadecydujemy co robić, powinniśmy zatrzymać się i rozważyć to, co jest nam prezentowane w postaci konkretnych doświadczeń, a następnie przeanalizować kilka scenariuszy „co by było, gdyby". Dopiero potem wybieramy optymalną reakcję i odnotowujemy jej rezultat. Jeżeli okaże się, że reakcja ta nie była optymalna, to przede wszystkim sprawdzamy, co skłoniło nas do jej wyboru i zapamiętujemy, aby już nigdy nie powtarzać tego scenariusza.

Kiedy wyciągamy naukę z wyboru pewnych reakcji oraz z zapisanych w umyśle rezultatów tych reakcji, to budujemy w ten sposób bazę danych o znanych procesach i ścieżkach, którymi możemy podążać, kiedy jesteśmy konfrontowani z podobnym nowym doświadczeniem. W ten sposób zapewniamy sobie sukces w postaci prawidłowej reakcji następnym razem oraz w jeszcze dalszej przyszłości. Krótko mówiąc, kiedy przerabiamy owe lekcje, a nabytą w ten sposób wiedzę stosujemy solidnie w praktyce, jesteśmy nie tylko dobrymi uczniami, ale też dobrymi nauczycielami – ponieważ uczeń i nauczyciel są tu jedną i tą samą osobą.

Światło wewnętrzne jest światłem zewnętrznym. Dopóki nie zaakceptujemy tego, że nasze światło jest wewnątrz, nie będziemy świecić na zewnątrz. Kiedy akceptujemy światło wewnętrzne, mamy wiedzę, że jesteśmy piękną istotą, stanowiącą jedno ze Stworzycielem, doskonałą pod każdym względem, oraz że nic, co jest na zewnątrz, tego wewnętrznego światła nie zgasi.

Światło piękna jest nie tylko w oku patrzącego, ono jest w naszym oku duchowym – o ile potrafimy oglądać to piękno wewnątrz nas samych.

Drogi wiodące ku Bogu są liczne i zróżnicowane, ale którąkolwiek z nich obierzemy, musimy uczynić ją naszą własną. Musimy być wytrwali i cierpliwi. Nie powinniśmy ulegać pokusom cudzej drogi – która może sprawiać wrażenie szybszej, lecz taką nie jest.

Bycie samolubnym jest w porządku – pod warunkiem, że jesteśmy samolubni jedynie w tym, co dotyczy poszukiwania drogi do komunii z Bogiem.

Kiedy jesteśmy spokojni i dostosowujemy się do zmiany bez obwiniania, uzyskujemy „bilet" do naszego wzniesienia razem ze Wzniesieniem.

Wzniesienie jest nieuniknione – pod warunkiem, że wciąż kwestionujemy nasz powód istnienia i dzięki temu podtrzymujemy pragnienie, aby dowiedzieć się jak i dlaczego został stworzony nasz wszechświat.

Medytacja jest umiejętnością stuprocentowego skoncentrowania na Bogu – przez co stajemy się świadomi Jego obecności.

Lęk jest barierą, za pomocą której ego powstrzymuje nas przed wejściem w komunię z Bogiem – ponieważ skutkiem komunii z Bogiem jest utrata ego.

Czemu mielibyśmy się bać tego, czego jesteśmy częścią? Bóg kocha nas, ponieważ jesteśmy Jego częścią. Ponieważ jesteśmy częścią Boga, jesteśmy przez Niego kochani i możemy Go doświadczać.

117

Jednakże Boga doświadczyć można jedynie poprzez spoglądanie do wewnątrz oraz trwanie w ciszy i bezruchu.

Poszukując jedności z Bogiem musimy najpierw otworzyć drzwi serca. Tylko wtedy Bóg wkroczy w nie.

Przyczyną naszego istnienia jest przebudzenie w Bogu, poznanie Boga, bycie jednością z Bogiem oraz bycie Bogiem podczas wcielenia – proste zadanie, które czynimy tak trudnym przez to, że ulegamy naszym pragnieniom fizycznym.

W ciszy można odnaleźć Boga; w Bogu można odnaleźć ciszę – ciszę radości z poznania Boga.

Niektórzy wybierają przebudzenie na sposób wygodny. Inni wybierają przebudzenie na sposób niewygodny. Akceptacja jest sposobem na przebudzenie wygodne; opór tworzy niewygodę.

To, co widać okiem fizycznym, stanowi mikrokosmos mikrokosmosu mikrokosmosu. To nie jest realna rzeczywistość, ponieważ sfera fizyczna jest tworem naszej Istoty Źródła, naszego Boga, który pozwala nam doświadczyć najdrobniejszych szczegółów tego, co zostało stworzone–czyli multiwersum, w którym istniejemy po to, aby ewoluować. Gdybyśmy otworzyli oczy, dojrzelibyśmy to, co jest za fasadą oddzielającą nas od reszty tego, co zostało stworzone, jest tworzone oraz będzie stworzone.

Aby otworzyć oczy, musimy być skrupulatni w naszej nauce medytacji, w poszukiwaniach prawdy, w odrzucaniu tego, co tylko wydaje się rzeczywiste. Musimy trwać w niezachwianym pragnieniu, aby być częścią większej rzeczywistości, aby unikać uwięzienia w teatrze, jakim jest nasza fizyczna egzystencja. Musimy wybaczać i zapominać przewiny, pomagać bez oczekiwania na wzajemność, istnieć w miłości i harmonii – BYĆ tym, czym JESTEŚMY: JEDNOŚCIĄ z naszym Stwórcą.

Czemu mielibyśmy poprzestawać na świadomości w sferze fizycznej, skoro możemy zjednoczyć się z Bogiem i uzyskać świadomość kosmiczną?

Oddzielenie nie istnieje. Jesteśmy jednością z Bogiem, a Bóg jest jednością z nami. Czemu szukać na zewnątrz tego, co jest zawsze wewnątrz?

Dlaczego odkładamy nawiązanie kontaktu z Bogiem na jutro, skoro możemy uczynić to dzisiaj, jutro i pojutrze?...

Bóg osądza nas na podstawie naszych czynów, a nie słów. Jeżeli więc mówimy, że będziemy medytować o Bogu, to musimy tak ZROBIĆ! I zyskać nagrodę w postaci samej komunii z Bogiem, a nie myśli o komunii z Bogiem.

Przyjmij to, co jest wewnątrz – Boga!

Fizyka duchowa to zrozumienie, że istnieje „wiedza poza wiedzą".

Kiedy przebywamy w sferze fizycznej, rzeczywistość jest tym, o czym myślimy, że to znamy. Jednak ostatecznie będziemy ją znać dopiero wtedy, kiedy przeniesiemy się na powrót do sfery energetycznej.

Mądrze jest zadawać sobie pytanie o to, czym jest rzeczywistość. A nie jest nią przyziemna potrzeba zbudzenia się, pracy, jedzenia, spania oraz bycia lepszym od kogoś innego.

Przebaczanie to największy dar, jaki dał nam Bóg. Powinno być bezwarunkowe i natychmiasto- we.

To, co negatywne, powinno być postrzegane jako szansa na stworzenie czegoś pozytywnego.

Aby wkroczyć w multiwersum w trakcie inkarnacji powinniśmy rozpoznać to, czym wszechświat fizyczny jest, oraz to, czym on nie jest.

Nie jest on prawdziwą rzeczywistością. Jest szansą na indywidualną ewolucję.

Nie jest on absolutnie wszystkim, ani też okazją do tego, żeby być psem bezwzględnie walczącym z innym psem. Jest on szansą, aby być psem, który kocha drugiego psa i równo dzieli się z nim resztkami jedzenia.

Wszechświat fizyczny to nic innego, jak teatr, sztuka, którą sami wykreowaliśmy. To szansa, abyśmy przypomnieli sobie nasze teksty i nasze zadania aktorskie, kiedy przydarzą nam się doświadczenia, które sobie wybraliśmy. Z tego względu wszystko, co czynimy, jest częścią owej teatralnej sztuki, sztuki wystawianej w teatrze zwanym Ziemią.

Musimy być roztropni w odniesieniu do naszej pracy i przyjmować jedynie to, co w naszych uszach brzmi prawdziwie. Istnieje mnóstwo tekstów duchowych napisanych z pozycji ego lub też takich, które są wtórne, naśladowcze, nieczerpiące bezpośrednio ze źródła prawdy. Musimy akceptować to, co znajduje w nas oddźwięk jako właściwe, słuszne.

Wielu współczesnych nauczycieli prezentuje na różne sposoby te same informacje. To konieczne, ponieważ każdy z nas znajduje się na innym poziomie ewolucji i przebudzenia. Co ważniejsze, wszyscy uczymy się wykorzystując różne sposoby przyswajania informacji oraz wiedzy doświadczalnej. Dlatego to, co dla jednej osoby jest duchowością „przedszkolną", dla kogoś innego może być duchowością wysoką. Zatem Wzniesienie jest przeznaczone nam wszystkim.

Próba zrozumienia jaka jest nasza pozycja w porównaniu do kogoś innego nie jest dobrą praktyką, ponieważ pociąga za sobą zazdrość i ego.

Daty są zwodnicze, gdyż w sytuacji, kiedy w danej dacie nie zdarza się nic dostrzegalnego, ulegamy zmieszaniu i dezorientacji. Jednak możemy ich używać jako kamieni milowych – po to, aby zaznaczyć, że kolektywnie powinniśmy już osiągnąć pewien poziom częstotliwości.

Bo przecież WZNOSIMY się poprzez częstotliwości w zdecydowanym, dającym się utrzymać tempie – pozwalającym nam na takie komplikacje czy potknięcia, które nie wpływają na nasz ogólny proces wznoszenia się. Upragnione przez większość spirytualistów Wzniesienie raptowne i całkowite nie jest ani czymś optymalnym, ani trwałym – bo wznieść się na częstotliwości wyższe jest równie łatwo, jak opaść do częstotliwości niższych. Przy dużym skoku wzwyż upadek może być równie duży.

Skoro wszyscy jesteśmy jednością, to czy jest możliwe, żebyśmy byli odrębnymi jednostkami? Jeżeli wszyscy jesteśmy odrębnymi jednostkami, to w jaki sposób możemy być wszyscy jednością?

Odpowiedź brzmi: wszyscy jesteśmy kolektywną całością Istoty, którą nazywamy Bogiem.

Równanie opisujące stosunek fizyczności do umysłu
energetycznego/ nadświadomego

Fizyczność (ja inkarnacyjne) minus umysł świadomy minus umysł
podświadomy równa się umysł nadświadomy czy też energetyczny –
to znaczy:

$$((F - UŚ) - UPŚ) = UNŚ/UE$$

((Fizyczność - Umysł Świadomy) - Umysł Pod-Świadomy) = Umysł
Nad-Świadomy/Umysł Energetyczny)

O autorze

Guy Needler MBA, MSc, CEng, MIET, MCMA (Master of Business Administration, magister nauk ścisłych, inżynier certyfikowany, członek Institution of Engineering and Technology – Instytutu Inżynierii i Technologii, członek Stowarzyszenia Medycyny Komplementarnej) początkowo kształcił się na inżyniera mechanika, po czym szybko uzyskał tytuły certyfikowanego inżyniera elektryka i elektronika.

Jednak zdobywając ową „przyziemną" wiedzę i umiejętności, zawsze był świadom otaczającej go wyższej rzeczywistości, dostrzegał przebłyski światów duchowych. Jako nastolatek – aż po wczesne lata dwudzieste swego życia – zafascynowany tymi przebłyskami czytał mnóstwo dostępnych wówczas tekstów na tematy duchowe oraz intensywnie medytował. Następnie, idąc za radą swoich duchowych przewodników, skupił się na zwyczajnej pracy zawodowej i ograniczył intensywność pracy duchowej.

U schyłku trzeciej dekady życia Guy odczuł wezwanie do powrotu do swoich ról duchowych. W ciągu sześciu lat został mistrzem reiki. Przez cztery lata uczył się technik terapii energetycznej i wibracyjnej od ekspertów w tych dziedzinach. Studiował u Helen Stott, bezpośredniej uczennicy Barbary Brennan i nauczycielki uzdrawiania metodą wykładaną w Barbara Brennan School of Healing™ (BBSH). Warunkiem wstępnym uczestnictwa w tych kursach był rozwój osobisty i psychoterapia z wykorzystaniem metod takich, jak opisana przez Susan Thesengę Pathwork™ i te opracowane przez Donovana Thesengę oraz Johna i Evę Pierrakos. Dzięki wyszkoleniu i doświadczeniuwzakresieterapiiopartychnapracyzenergią, Guy zostałczłonkiem Complementary Medical Association (MCMA).

Obok umiejętności uzdrawiania posiada także zdolność do czanelingowania informacji ze świata duchowego oraz stały kontakt z swoim wyższym ja, swoimi duchowymi przewodnikami oraz innymi istotami z naszego multiwersum. Owe czanelingowane informacje zostały zawarte w

„Historii Boga" oraz w kolejnych, przygotowywanych przez autora książkach.

W celu „uziemiania", „kotwiczenia się" w ziemskich częstotliwościach, Guy ćwiczy i naucza aikido. Mając szósty stopień mistrzowski oraz 38 lat doświadczenia, pełni funkcję trenera narodowego. Obecnie pracuje nad zastosowaniem energii duchowej we fizycznym aspekcie tej sztuki walki.

Guy zaprasza do zadawania pytań dotyczących fizyki duchowej oraz tego kim i czym jest Bóg.